謹將本書獻給阿利森 (Allison)、
凱爾西 (Kelsey) 和格雷厄姆 (Graham)
願你們打開心窗接受神的愛。

與神相遇

認識親近神的心靈路徑

加里·托馬斯 著
陳永財 譯

▼

靈修著作精選

與神相遇

認識親近神的心靈路徑

Sacred Pathways

Discover Your Soul's Path to God

作者
加里．托馬斯 Gary Thomas

譯者
陳永財

責任編輯
羅慧琪

內文設計
陳琦

封面設計
奇文雲海

■

出版／發行
基道出版社
香港沙田火炭坳背灣街 26 號富騰工業中心 10 樓 1011 室
LOGOS PUBLISHERS
Unit 1011, 10/F, Fo Tan Ind. Centre, 26 Au Pui Wan St., Shatin, Hong Kong
電話：(852) 2687-0331 傳真：(852) 2687-0281
網址：https://www.logos.com.hk

承印
陽光印刷製本廠

●

5/2007 初版
Cat. No. LP625B
ISBN: 978-962-457-326-8
Originally published in U.S.A under the title: **Sacred Pathways**

Published by arrangement with Zondervan,
a subsidiary of HarperCollins Christian Publishing, Inc., through The Artemis Agency

Printed in Hong Kong

刷次	12	11	10	9	8	7	6	5		
年份	2034	2033	2032	2031	2030	2029	2028	2027	2026	2025

致謝

我要感謝幾位朋友審閱本書的手稿，特別是馬修斯－格林（Frederica Mathewes-Green）、紐曼博士（Dr. Brian Newman）、麗莎．托馬斯（Lisa Thomas）、索爾斯塔牧師（Reverend Brian Thorstad）和托馬（Janet Thoma）。他們的意見對這本書作出了很大的貢獻。Zondervan出版社的職員也給我很大幫助，特別是斯隆（John Sloan）、格孟（Heather Gemmen）和托普利夫（John Topliff）。

我也要感謝我的代理人韋克斯曼（Scott Waxman），以及眾多出席研討會，提出意見，讓我可以豐富這本書的人。

目錄

第1部

心靈的旅程

第1章

愛神

關於靈性的寶貴教訓可以在最意想不到的時間出現。有一次，我從華盛頓乘搭飛機到西雅圖，沿途我都感到耳痛。那次旅程令我得到一個我不容易忘記的教訓。正當我準備踏上那旅程時，我患了嚴重傷風。平時乘坐飛機時，即使我沒有患病，我的鼻竇都會有問題，所以我知道我需要尋求幫助。由於我剛搬到弗吉尼亞州(Virginia)，仍未嘗試找醫生，所以一位同工介紹了一間診所給我。

原來那間診所彷如7-11便利店。不過，由於我沒有時間到其他地方，所以盡力向一名醫生解釋我的問題，等候他處方，然後便離開。

我回到家裏後，太太問我：「醫生怎麼說？」

我回答說：「我不知道。我不明白他說甚麼。」

她感到驚訝：「唔，那他給你甚麼處方？」

「我不知道，我看不懂他寫了甚麼。」

「那是一間怎樣的診所？」

「我不想知道，我明天就要外遊了。」

翌日的航程是我一生中其中一次最糟的。由華盛頓到西雅圖需要四至五小時，但我肯定抵步時，我已經由三十歲變成四十五歲了。我的頭好像有五十磅重。

我照醫生吩咐按處方服食了藥物，期望第二天我的耳朵不會再感到痛，但卻沒有效。如果沒有得到幫助，我甚至不能夠清楚地說話。因此，過了一兩天後，我到俄勒岡州波特蘭(Oregan, Portland)一間診所求醫，希望病情得以舒緩。那裏的醫生讓我放心。我明白他說甚麼，他也似乎知道自己在做甚麼。他知道我在弗吉尼亞州得到甚麼處方後嚇了一大跳。他說：「我不知道那個醫生在想甚麼，但我不能想像任何於過去三十年在美國的醫學院畢業的醫生會處方那種藥給你。那個醫生明顯只認識一兩種藥，幾乎對任何病人都給予同樣的處方。」

這個經驗教訓我使用一種藥物醫治所有疾病是多麼荒唐。不過，過了一段時間，其中的屬靈意義才變得清晰。我們一再給基督徒同樣的屬靈處方：「你想基督徒生命有長進嗎？你需要做的只是實行三十或六十分鐘的靈修，以及在每個主日早上到教會參加崇拜。」

太多時候，希望得到屬靈餵養的基督徒都得到相同、通用、人們期望是包含一切的方法——通常是標準化的靈修方法加上一點兒變化。為甚麼？因為那是簡單、通用的，也容易向人們問責。但對很多基督徒來說，那根本並不足夠。

陶恕(A. W. Tozer)提出警告：「宗教歸信這整件事已經變得機械化和了無生氣。我們幾乎忘記了神是有位格的，祂和任何人一樣，我們是可以和祂建立關係的。」[1]「機械化宗教」有很多禍害。在教會以外看到靈性貧乏的人是一回事；我擔心的是在教會**裏**遇到愈來愈多靈性同樣貧乏的基督徒。

最終，這是關乎屬靈營養的事。很多基督徒從未接受過怎樣在屬靈上「餵養」自己的教導。他們沒有足夠的食物，然後卻因為自己總是感到那麼「飢餓」而驚訝。

另一些人則錯誤地實行例行的靈修。我婚姻中其中一件相當令人振奮的事情是我的手腕骨折。那次傷得很厲害，需要動手術，令麗莎和我都脱離了常規。我們大部分事情都一起做，部分原因是我需要很多協助。由於我惟一能夠做的運動是散步，我們幾乎每天都這樣做。我們也一起購物，一起回覆電郵(最初我不能打字)。有一段時間，麗莎甚至協助我穿衣。(好吧，你嘗試用一隻手繫鞋帶吧！)由於我們脱離了常規，大家都發現了更深和更新的愛。我們的愛一直都存在；但卻因為總是做著相同的事情而被埋藏起來。

我發覺很多人在與神同行時也面對相同的困境。他們對神的愛沒有減退，只是墮進令心靈麻木的常規中。他們的靈修似乎只是他們多年以來所做的事情的影兒。他們長期參與同一事奉，以致甚至在夢中也能夠做。似乎在過去三年，小組裏都沒有人有任何原創的意念。終於，一天早上，他們醒來時問道：「認識神真的就是這樣嗎？」

靈修和現實發生衝突

我大學畢業後幾年，發覺自己的屬靈生命需要配合一個新的日程。我在早上五時至五時半之間出門，大約下午五時半回到家裏。可以用一小時和家人吃飯，一小時陪伴孩子，半小時安排孩子上牀睡覺，大約一小時支付帳單，拿垃圾到垃圾站，了解太太當日的情況，以及聽電話。如果我們晚上有聚會，日程表會排得更緊密。

在我的屬靈食譜中，六十分鐘的靈修一直都是我珍惜的主要食糧。但要繼續這樣做，我便需要在凌晨四時起牀！我出門前可以讀一段經文，在早上乘車上班時有一段時間禱告，但我感到自己是在作弊。假期和週末讓我有機會恢復靈修操練，但在要上班的日子，我卻需要有其他選擇。

這個尋找新「屬靈處方」的掙扎變成了很大的祝福，因為我開始找到培養自己心靈的新方法。或許我學到的主要教訓是，我自己的某些部分從未被標準化的靈修時間觸及。我的靈修操練以前(和現在)對我都有幫助；不過，我開始明白那並不足夠。我屬靈存有的其他部分仍然正在沉睡。

我也開始發現別人也和我一樣感到挫敗。對某些人來說，公式化的靈修似乎太理智。另一些人則對獨自坐在房間的桌子旁閱讀和思想感到沉悶。而且，為甚麼要期望所有人都以同樣的方式愛神呢？如果堅持剛在莫拉維(Moravia)教會信主的基督徒要有和波士頓的長老會或喬治亞(Georgia)的浸信會相同的崇拜，我們會感到荒謬。不過，我們卻為艾奧瓦州(Iowa)的農夫和華盛頓的律師提供同一種操練靈性的方法。

提防將自己親近神的方式收窄

期望所有基督徒都有某種靈修方式，可能在教會或小組造成大災難。我們因為對基督徒生命有意義(對我們來說)的做法而感到興奮，有時會因而假設如果別人沒有同樣的經驗，他們的信仰便一定有問題。但請不要被別人的期望嚇怕。神想認識真正的你，而不是模仿別人期望中的你。祂將你創造為有某種個性和某種屬靈氣質。祂希望你根據祂創造你的方式崇拜祂。那可能和帶你到基督跟前的人，或者在查經班或教會中帶領你的人的崇拜方式有點不同。

我必須承認，個人對靈性的取向是有限制的。在信仰羣體以外追求神既不明智，也不合乎聖經。我們個別的信仰表達必須連結到與基督的身體舉行的集體崇拜。可幸的是，在過去二千年的歷史中，教會給我們豐富和多種不同的愛神傳統。

耶穌接受彼得的岳母以服事祂作為崇拜，但卻拒絕迫馬大的妹妹馬利亞也以這種方式崇拜。祂容許馬利亞以安靜地敬拜，而不是努力服事的忙碌來表達她的崇拜。好的屬靈導師明白人們有不同的屬靈氣質，適合某一個人的事情，並不適合所有人。對每一個正在掙扎的基督徒都給予同一種屬靈處方，就好像給所有病人都處方盤尼西林的醫生一樣不負責任。

我閱讀基督教信仰的經典著作，以及與別人分享自己的信仰歷程時，發覺人們以不同的方法親近神：藉著研究教會歷史或神學，藉著歌唱或閱讀聖詩，藉著舞蹈，藉著在樹林散步。每一種實踐都令不同的人重新感到有屬靈活力，裏面受到前所未有的觸動。

這個發現驅使我尋找不同的「屬靈氣質」，用來解釋我們怎樣以不同的方式愛神。我們的屬靈氣質應該有別於我們的性格氣質。而關於性格氣質，已經有很多相關著作。知道自己的性格氣質，例如是多血質或憂鬱質，會告訴我們自己怎樣和別人交往，或者可以怎樣選擇合適的配偶或職業；但這卻不一定能夠告訴我們自己怎樣與神交往。以屬靈氣質為焦點，是嘗試幫助我們明白自己最能夠與神交往的方式，以致可以培養出新的方法親近神。我的追尋最受聖經人物影響，他們在聖經中活出這些氣質。其次影響我的是教會裏的歷史活動。

一位神，多種關係

聖經告訴我們，同一位神從創世記到啟示錄都出現——雖然人們以多種方式敬拜這同一位神：亞伯拉罕有宗教傾向，每到一處都築起祭壇。摩西和以利亞在面對邪惡力量和與神的交談中，都顯示出行動主義者的特點。大衛以熱誠地崇拜的方式禮讚神，而他兒子所羅門則藉著獻上豐富的祭物來表達自己對神的愛。以西結和約翰描述神一些響亮和色彩繽紛的象徵，在感官上相當吸引。末底改透過關心別人表現他對神的愛，從關心孤女以斯帖開始。伯大尼的馬利亞坐在耶穌腳前，是典型的默觀者。

這些以及新舊約其他聖經人物都令我確定，在基督教信仰裏面，有很多不同且都是可接受的方式，表達我們對神的愛。我們的氣質令我們在以某些方式表達那愛時感到更自在，而這是神完全能夠接受的。事實上，藉著根據神創造我們的方式敬拜祂，我們是肯定祂身為造物主的工作。

教會內的歷史活動

我尋求給這些屬靈氣質名稱時研究的第二個領域是，在歷史上，教會在很多比較重大的事情上意見一致，但在一些比較微小的事情上卻有很大分歧。我研究教會歷史上的幾個爭議時，發覺在很多爭議背後都有一種與神交往的不同方式，這種方式可以透過屬靈氣質提示出來。提出這些分歧是令很多教會分裂或分成不同宗派的惟一，甚至基本原因，是將問題過分簡化，但這些分歧確實產生了影響。

讓我們只是以教會過去五百年的歷史作為例子。在中世紀，教會在西方的支派，也就是羅馬天主教，沉醉在聖禮儀式的奧祕中；羅馬天主教的崇拜以祭壇為焦點。馬丁路德 (Martin Luther) 在神學上與羅馬分離後，崇拜也大幅改變。路德強調「惟獨聖經」(“sola Scriptura”；聖經的充足)，所以他將講壇升高，藉以顯示宣講聖言的重要性。因此，在改革宗的教堂，你會被宏偉的講壇，而不是華麗的祭壇吸引。這個改變製造了兩種不同的崇拜風格：一種強調信仰感官的方面，以及福音的奧祕；另一種強調理性的論述，認識、明白和解釋神的存在。

不過，宗教改革家之間也有分別。信義宗傾向保留很多羅馬天主教的崇拜元素，除非那些元素明顯不為聖經所接受。改革宗則傾向取消所有這些元素，除非是聖經明文規定的。

愛神的不同方式甚至影響到怎樣在世界表達那種愛。改革宗拒絕以遁世這種與社會嚴格分離的方式表達對神的愛，選擇了藉著轉化社會來表達這種愛。教會和國家之間的界線開始變得模糊。加爾文 (John Calvin) 希望基督徒在國家擔任重要的職位，他甚至處決了一個異端分子。

另一方面，重浸派 (Anabaptists) 尋求藉著強調福音的內在真實來表達他們對神的愛。他們變成分離主義者及和平主義者，拒絕參與世俗政府的事務。相反，他們嘗試創造一個模範社會，藉著邀請不信的人脫離世俗社會，加入信仰羣體，向不信的世界作見證。

這四種信徒——羅馬天主教徒、信義宗、改革宗、重浸派——都嘗試愛神，但都以獨特的方式表達那愛。很多不同都有神學上的根源，但有些也和對崇拜的喜好有關。

著名的聖公會信徒約翰．衛斯理 (John Wesley) 在一次越洋旅程中看見莫拉維弟兄會(Moravians)信徒的信仰，令他自愧不如。他們面對死亡時仍然勇敢地保持平靜。作為回應，衛斯理引入一種信仰，是以信條和操練內在信心為基礎的，正如莫拉維弟兄會的信徒表現出來那樣。衛斯理也開始傳講需要透過內在的轉化與神聯繫。這樣，循道會便誕生了。

在二十世紀初，艾蘇撒街(Azusa Street)的復興將五旬節的實踐帶回普通的教會生活。今天，幾乎每間教會都受到靈恩復興的影響，無論他們是否同意五旬節神學。合唱隊唱歌和拍手或舉手已經差不多擴展到所有宗派。

在內在經驗和五旬節元素相遇之際，教會的另一個分支開始強調福音的社會責任——社會福音運動誕生了。其中一方推廣禁令，另一方則推廣社會主義。在這種表達基督教的方式中，重要的是愛鄰舍和建立公義的社會，而不是對屬靈喜悅有模糊、內在的經驗。

基督徒往往不向別人學習，而是在對崇拜的喜好有分歧時，選擇與別人分離，建立新教會。這種分離築起了宗派之間的圍牆，令很多信徒變得貧乏。除非你剛好在合適的傳統裏重生，否則你便要倚靠別人的食物成長。可惜有些基督徒傾向質疑自己不特別感興趣的經驗是否合法。他們沒有說：「那並不適合我」，而是宣稱：「那是任何人都不應該接受的。」

這種態度和我在家裏接受教育的女兒相似。有一次，阿利森正在努力解決一條母親給她的數學難題時慨歎：「實在太困難了。這並不公平！事實上，我頗為肯定，這是不合乎聖經的！」

當然，數學沒有甚麼「不合乎聖經」的地方，但我們質疑其他基督徒的經驗時，往往採取這種態度，特別是那些我們覺得

「古怪」的經驗。我指的是「在神學上中性」的實踐。例如：一位女士可能發現香有助她祈禱，但另一位女士卻認為使用香根本就是古怪。她們兩人可以同意大家有不同意見，而毋須因為在教義上中性的崇拜喜好，製造出一個神學問題。

神給我們不同的性格和氣質。這些分別在我們的崇拜中反映出來也是自然不過的事。

性格氣質

容格 (Carl Jung) 建立了四個面譜來描述人的天性。(這些面譜被邁爾斯〔Isabel Briggs Myers〕在流行的邁爾斯－布雷格測驗〔Myers Briggs test〕中系統化）。首先，我們以**外向型**或**內向型**取向來接觸現實。前者在社交世界中感到最自在，後者則喜歡留在內在世界中。其次，我們以**辨識型**或**直覺型**的方式接受信息。前者運用五官，後者運用想像。第三，我們以**理智型**或**感性型**的方式組織和安排資料。前者運用邏輯和理性，後者根據資料怎樣影響人和聯繫到人的價值觀來加以組織和安排。最後，我們以**決斷型**或**熟思型**的方式來安排外在現實。前者有條理、具操控性和管理性，後者則即興和富彈性。這四種面譜可以組合成十六種不同性格，而邁爾斯－布雷格測驗就是設計來辨別這些性格類型。[2]

雖然屬靈氣質和性格氣質不同，邁爾斯－布雷格的「類型」可以讓我們明白，神創造我們成為有不同性情和傾向的人，我們與神交往的方式也不相同。藉著使用聖經人物、教會歷史的運動和不同的性格氣質，我們可以分辨出九種屬靈氣質，我稱它們為神聖的路徑。

神聖的路徑：概覽

甚麼是「神聖的路徑」？很簡單地說，它描述我們怎樣與神相交，怎樣親近祂。我們是否只有一條路徑？不一定。不過，大部分人與神相交都很自然地有某些傾向，而那就是我們主導的屬靈氣質。

九條神聖路徑

以下是九種屬靈氣質的簡單概覽。這本書的第二部分會詳細研究每一種氣質。你閱讀這九條神聖路徑時，可以查看哪些是適用於你的路徑。

自然主義者：在戶外愛神

自然主義者喜歡離開建築物，到河邊向神禱告，無論那建築物是多麼美麗或樸素。將書本留下，忘記那些示範，只要讓他們到樹林、高山或草地散步便可。

這些基督徒相信大自然清楚宣告「神存在！」，他們從觀看一羣螞蟻或一個平靜的湖，可能比閱讀一本書或聽一堂道學到更多東西，雖然他們也可能從基督那些取材自大自然的比喻或詩篇中，找到令他們滿足的思想。

自然主義者和默觀者有點相似，不過除了內在世界外，他們也受到創造感動。他們在戶外時，內心便升起對神的敬拜。一個現代例子可能是作家蒂拉德（Annie Dillard）。她在《那堅固的神聖》（*Holy the Firm*）這本書中寫道：「我對神的認識，只足以希望以任何可以用的方式敬拜祂。」[3]她敬拜神的其中一個主要方法是花時間到戶外。或許因為蒂拉德愛上了太平洋西北部，而我正好在那裏長大，所以我特別喜歡她的作品。我也在弗吉尼亞州居住過，而蒂拉德在這個州的藍脊山脈（Blue Ridge Mountains）露營，記錄了飛蛾飛進蠟燭的火餤，這個現在十分著名和感人的場面。

從這些平凡的事件和場面——飛蛾、山脈以及普吉灣（Puget Sound）——蒂拉德揭開了神聖、超越的神的奧祕。她寫到她到訪喀斯喀特山脈（Cascade range），「研究真實的東西，岩石山和鹽海，在它們的邊緣鍛煉我的心靈」。

> 「主啊，求祢將祢的道指示我」和所有禱告一樣，是魯莽的，也是我不能不推薦給別人的。這些山脈，貝克山（Mount Baker）和姊妹山（Sisters）及舒克桑（Shuksan）、加拿大海岸山脈（Canadian Coastal Range），以及半島上的奧林匹斯（Olympics），肯定是已知和已為人所理解的世界的邊緣。它們都很高。它們在高處背負自己那難以想像的重量和天氣，將它們高舉在天空，讓所有人清楚看見，令它們好像切斯特頓（Chesterton）形容聖餐時所説，因為它們的可見和沒有祕密，令它們更神祕。它們是現實在東面的邊緣，如果不是大大超越現實的話。[4]

和蒂拉德一樣，自然主義者藉著在神創造的一切中學習尋求神。留意圍繞蒂拉德的自然美怎樣不斷反映她裏面那靈性、看不見的信仰。

感官主義者：以感官愛神

感官型基督徒希望沉浸在神的可畏、美麗和光輝中。他們特別受到禮儀、莊嚴和宏偉吸引。這些基督徒敬拜時，希望可以沉醉在影像、聲音和氣味中。香、精細的建築、古典音樂和正式的語言都提升他們的心。

有些基督徒可能覺得這種感官刺激會令人分心，但感官型信徒卻樂在其中。五官是神進入他們內心的最有效途徑。

我覺得《牧者看詩篇廿三篇》(*A Shepherd Looks at Psalm 23*)這本受歡迎著作的作者凱勒 (W. Phillip Keller) 有感官型的傾向。在《壓力三角》(*Taming Tension*) 這本書中，凱勒寫道讀大學時，在一個冬天，他被迫困在「頗為侷促和乏味的家裏」。他從一幅畫中找到出路，那幅畫描繪「壯麗的日落景色。我一再沉醉在它的可愛中。在本來是不能忍受的環境中，那是很大的鼓舞和啟發」。[5]

在同一本書，凱勒談到音樂在他生命中的角色。在外地那段他自己稱為「孤單的年日」中，凱勒拿出小提琴「減輕心痛和內裏的痛苦。彈奏一小時音樂可以令我的內心再次歌唱」。他發覺「即使好像哼歌或吹口哨這樣簡單的習慣，都可以將令人苦惱的一天變得充滿新的盼望和愉快」。

當凱勒完全明白韓德爾 (Handel) 的《彌賽亞》(*Messiah*) 有甚麼意義後，便開始經年都彈奏它。「有時，當我因為生命中的苦難而灰心或沮喪時，這首音樂的旋律和信息顯示基督自己也感受到這種哀愁和憂傷，這樣便能夠以其他人類的中介不可能做到的方式使我振作起來。」

有好些事物在帶領凱勒進入崇拜和與神團契的新領域中扮演重要的角色，視覺和音樂是其中兩種。對感官型基督徒來說，任何觸及感官的東西都可以有力地作為崇拜的中介。

傳統主義者：透過禮儀和象徵愛神

傳統主義者從往往被稱為信仰的歷史面向的東西得到餵養。這些東西包括禮儀、象徵、聖禮和獻祭。這些基督徒傾向有富紀律的信仰生活。他們當中有些人可能會被視為教條主義者，很大程度上以行為來界定信仰。他們往往享受固定地參加教會聚會、什一奉獻、守安息日等等。

傳統主義者需要禮儀和系統。默觀者那種沒有系統的「安靜禱告」令他們感到頗為混亂和不滿足。

《紐約郵報》(*New York Post*) 的影評人德勒埃 (Rod Dreher) 是一個傳統主義者。他成長期間參加非正式的基督教崇拜。這些崇拜的熱情令他對信仰產生興趣，但卻不能留住他。在寄宿學校就讀期間，他對信仰的委身減退了。後來接觸了一些現代的基督教著作，令他最終重尋信仰，但這次他發覺自己喜歡建立得更好的禮儀和系統。令他大感驚訝的是，他很快便發覺那些禮儀並非如他想像般局限和死氣沉沉，而是帶有深度和歷史感，為他的崇拜平添一種新的美感。他說：「那比我經驗過的任何東西都更美麗。」

德勒埃被禮儀吸引，他祈禱所用的禱告是以前很多基督徒用過的，這令他深受感動。崇拜的結構令他的個人生命更有紀律。每個星期都經驗到同樣的禮儀，加深了他對信仰的理解和委身。

現在德勒埃說：「我的日常生活也有更重的禮儀成分。這樣令我的基督教信仰更有深度和更堅實。」

隱修者：在獨處和簡樸中愛神

隱修者最希望的就是獨自禱告。除去禮儀、宗教的裝飾和外面世界的噪音。不要有任何東西使他們分心——不要圖畫，不要大聲的音樂——讓他們獨自在安靜和簡樸中禱告。

隱修者基本上是內在的存有。即使當他們是羣體中的一員時，他們也可能顯得與其他人分離。他們往往是內省的，有時甚至顯得過分，任何令他們不能「聆聽寧靜」的環境都令他們感到不自在。

歌手兼作家卡德(Michael Card)有典型的隱修者氣質。他居住在田納西州富蘭克林(Tennessee, Franklin)鄉間一片一百畝土地上，受到震顫派(Shaker)啟發的家裏。卡德很欣賞震顫派強調建築和生活方式的簡樸。他的夢想是在自己的土地上建立一個細小、安靜的退修中心，讓牧師、藝術家和作曲家可以在禱告和禁食中花時間與主一起。

卡德的歌曲的歌詞，往往宣揚簡樸的生活。例如《我們捨棄的東西》("The Thing We Leave Behind")的副歌：

每顆心都需要脫離
緊緊抓著它的財物
因為自由不能在我們擁有的東西中找到
那是有能力與耶穌——我們惟一擁有的
一起做正確的事情
然後施予便成了我們的樂趣
我們不能想像，我們從自己
捨棄的東西中找到的自由。

行動主義者：透過對抗愛神

行動主義者事奉公義的神，他們喜歡的經文往往是講述耶穌潔淨聖殿那個記載。他們將**崇拜**定義為對抗邪惡和呼召罪人悔改。這些基督徒往往視教會為讓他們重新得力的地方，以致他們可以回到世界，與不公義展開戰鬥。

行動主義者可能有社會性或福音性的目標，但他們在對抗崎嶇和跌撞的世界中找到自己的家。他們從與別人的互動，甚至是衝突中，比獨處或在小組中，更能夠得到力量。

薛華(Francis Schaeffer)是這種氣質的一個好例子。雖然薛華主要是以「思想家」這個身分為人所認識，但他的思想通常都引向行動主義。在他的重要著作《那麼我們應該怎樣生活？》(*How Shall We Then Live?*)中，薛華寫道：「身為基督徒，我們不單需要**認識**正確的世界觀，也需要有意識地，盡我們個人和羣體所能，根據那世界觀**行動**，藉以影響社會的各個部分，並遍及生命的各個方面。」薛華進而稱讚好像弗賴(Elizabeth Fry)、莢伯裏勳爵(Lord Shaftesbury)、威伯福斯(William Wilberforce)和約翰·衞斯理等偉大的基督徒行動主義者。[6]

薛華相信真理等同對抗。他認為一個觀念一旦給分解了，它便有力量改變社會。薛華與庫柏(C. Everett Koop)合著的《人類究竟發生了甚麼事？》(*Whatever Happened to the Human Race?*)是當代福音派中，其中一本最早指出墮胎的錯誤，並鼓勵基督徒積極反對墮胎的書籍。薛華實踐了自己的信念；他在幫助建立一個今天仍在運作，在策略上最支持生命的組織(關懷網絡〔Care Net〕)上，扮演了重要的角色。

照顧者：透過愛別人愛神

照顧者藉著服事別人來服事神。他們往往聲稱在窮人和有需要的人身上看到基督，而他們的信心是藉著與其他人互相影響而建立起來的。這些基督徒可能感到默觀者和熱誠者的靈修生活是自私的。雖然關心別人可能令很多人疲累不堪，但卻能夠令照顧者恢復活力。

或許這種氣質的最佳例子是加爾各答（Calcutta）的德蘭修女（Mother Teresa；原名艾格尼斯．岡察．博加丘〔Agnes Gonxha Bojaxhiu〕）。她在十二歲時深受對印度的貧窮的描述影響，決定成為羅馬天主教會的宣教士。一九四六年，身為在加爾各答莫蒂瓊胡（Moti Jhul）貧民區工作的一個愛爾蘭修女羣體的成員，德蘭修女聽到神呼召她改變方向，「我要離開修道院，在窮人中生活，藉以幫助他們」。[7]

一九五〇年，德蘭修女成為印度公民，並建立了她的「仁愛傳教修女會」（Missionaries of Charity），作為加爾各答總主教區的一部分。很多美國人都不知道，她的工作已經擴展到美國和世界各地。今天這個修女會大約有四千名修女，她們穿著白色的莎麗（譯按：印度婦女用來裹身包頭或裹身披肩的布或綢），戴著細小的十字架，過著斯巴達式生活。這些修女在八十七個國家管理大約五百間女修道院。她們在紐約、華盛頓、亞特蘭大、洛杉磯和美國其他三十個城市市中心的女修道院工作，給飢餓的人食物，為無家可歸的人提供居所，並照顧患病的人。

一九九五年，在北卡羅來納州夏洛特（North Carolina, Charlotte）奉獻一間女修道院時，德蘭修女說：「神為你、我、痲瘋病人、快將餓死的人和露宿者死……單說你愛神並不足夠。你也要說你愛鄰舍。愛如果是真的話，便需要令人感到痛。這要求人們施予直到感到痛。否則那便不是真愛……首先要成為自己祖家的人的好消息，先找出鄰居的需要。」[8]

熱誠者：以奧祕和歡慶愛神

崇拜中的刺激和奧祕是熱誠者屬靈生命的必需品。正如感官主義者希望被美包圍，理智者希望抓緊觀念，熱誠者則受到充滿喜樂的歡慶啟發。這些基督徒是神和基督徒生命的啦啦隊隊長。只需要讓他們拍掌，高呼「阿們！」，興奮地跳舞。這就是他們的要求。

如果他們的心不受感動，如果他們沒有經驗神的能力，便有所欠缺。他們不想單知道一些觀念，而是要經歷、感受那些觀念，並被它們感動。

我覺得作家安德森(Ann Kiemel Anderson)很符合這個描述，雖然她也可能有另外一兩種氣質。安德森喜歡花時間和兒童一起，顯示她那喜歡玩耍和充滿童真的心靈，她也喜歡唱歡慶的歌曲，並相信神奧祕的能力，會根據祂的旨意成就一切。這些全都是真正熱誠者的標記。

默觀者：透過愛慕愛神

默觀者稱神為自己的愛人，他們對神的主導觀念是慈愛的父親和新郎。他們喜歡的聖經經文可能來自雅歌，讓他們進入「神聖的戀情」。他們的焦點不一定是事奉神，實行祂的旨意，奉祂的名成就大事，或者甚至不是順服神。這些基督徒以可以想像得到，最純粹、最深刻和最光明的愛來愛神。

我們很難提出一個現代著名的默觀者的例子，因為真正的默觀者不會引人注目。不過，幾乎所有基督徒都熟悉聖經關於伯大尼的馬利亞的記載。她坐在耶穌腳前敬拜祂，得到耶穌讚賞。如果你喜歡這個故事，感到和馬利亞相近，你可能是默觀者。

理智者：以思想愛神

理智者可能是懷疑論者或委身的信徒，但無論如何，他們都很可能在研究(在某些情況下，為支持或反對某觀念而進行辯論)加爾文主義、嬰兒洗禮、按立婦女和預定等教義。這些基督徒活在觀念的世界中。

有些理智者受到某種性格類型影響，可能會顯得害羞或畏縮，避免在智力上與別人對抗，但仍然主要是藉著智力活動得到「餵養」。「信仰」不單需要經驗，也同樣需要明白。他們對神有新的發現時，可能感到與神最親近。

我們這個時代有很多著名和備受尊重的基督徒知識分子，包括巴刻(J. I. Packer)博士和史普羅(R. C. Sproul)博士。雖然巴刻博士得到世界各地的神學家尊敬，但他仍然繼續令學術界的教義能夠對平信徒有幫助。他的經典著作，例如《認識神》(*Knowing God*)[9]和《活在聖靈中》(*Keep in Step with the Spirit*)[10]，都是受歡迎的研究，令甚至是初信者都能夠明白艱深的神學討論。

確定你的屬靈氣質的其中一個方法，是列出你最欣賞和想效法的基督徒。你會怎樣形容他們？如果你一致地發覺自己選的領袖都是有某種屬靈氣質的人，你也可能擁有那種氣質。

完全的基督徒

想像一下一個人同時擁有史瓦茨柯夫(H. Norman Schwarzkopf)將軍、伊利沙伯女皇(Queen Elizabeth)、貝多芬(Beethoven)、司緼道(Chuck Swindoll)、帕莉斯(Twila Paris)和詩人勃朗寧(Robert Browning)的特點。這會是怎樣的人？那就是大衛王！

試想一想。他是軍事將領、政治上的統治者、作曲家、宗教領袖、音樂家和詩人。他在歐洲文明還未創造出文藝復興人物之前幾千年已經是這樣的人！

大衛表現出很多現代人認為是互相衝突的質素。當代學者會將軍事和宗教領袖——例如：成吉思汗 (Genghis Khan) 和亞西西的聖法蘭西斯 (St. Francis of Assisi) ——歸為截然相反的類別；但大衛卻能夠實現這兩個身分，而且還不單這樣。[11]

「理想的」基督徒可能顯出很多，甚至所有屬靈氣質。在我們稍後詳細描述每一種氣質時，你會留意到我每次都引述耶穌作為例子。無論我們的主導氣質是甚麼，所有人都可以從別人怎樣得到神餵養，怎樣與神相遇和愛神中學到很多東西。

一旦讀完這本書，你便能夠講出自己的一或多種屬靈氣質。有了這個認識，你便可以開展在靈性上餵養自己的計劃。這裏的目標不是自我實現或屬靈的自我專注，而是餵養我們的心靈，以致我們可以以新的方式認識神，以我們存在的每個細胞愛祂，然後藉著與別人接觸表達這種愛。

如果你處於屬靈抑鬱之中，或許你需要改變你的屬靈食物。如果你似乎不能離棄某一種罪，你可能發覺原因其實相當簡單：你不知道怎樣根據神創造你的方式餵養自己，所以以犯罪或上癮來追求屬靈上的「垃圾食物」。在神裏面找到滿足是對所有罪最有效的解毒劑。

有些讀過這本書的人發覺自己與某種類型特別認同。另一些人則這樣「描繪」他們的信仰：「我開始時是熱誠者，後來成了默觀者，最後變成了感官主義者。」不過，我們所有人裏面都需要有一個共同點。而這個共同點可以在馬可福音十二章30節找到。

根據耶穌，信仰的真正表達必須包括四個元素。我們必須盡心(愛慕)、盡性(意志)、盡意(信念)、盡力(身體)愛神。理智者沒有藉口不愛慕。默觀者也沒有藉口對神心懷錯誤的觀念。完全的基督徒——這是給我們所有人的呼召——應該表現出愛慕、信念、委身和服事。

你可能會受到誘惑，單閱讀描述你那種氣質的那一章，但我相信你發覺自己的生命沒有表達出某些氣質，可能只是因為你從沒有接觸過那些氣質。我在自己的追尋中正有這個發現。藉著閱讀全書，你對基督徒學習怎樣表達他們對神的愛，會有全面得多的看法。你甚至可能發覺自己最初對自己的評估並不十分準確。

藉著明白我們的屬靈氣質，我們可以培養出一些讓自己靈命成長的「工具」。這些工具當然因人而異，一個喜歡繪畫、唱歌、繪畫耶穌畫像的十歲女孩，和一個嘗試找出身為基督徒怎樣影響自己每天花十至十二小時興建房屋的建築工人，與神交往的方式是不同的。

不過，我們談及「工具」時需要小心。語言往往是不準確的，我們談論屬靈事物時，語言同樣是不精確的。我們很容易從我們說的話中製造拙劣的模仿，將與聖潔的神那動態的關係——由祂開始和支持——化約成一堆公式和花巧的測試。但這本書不是關乎這些事。

這本書的目的是幫助人們明白神賜給他們的靈。好的屬靈輔導員並不醫治任何人，而是嘗試將困擾的心靈帶進神的同在中，除去罪和自我的混亂和託辭，讓神的靈活動。這正是這本書嘗試做的事。

嫁給神

某間教會裏很多人讀過我第一本書《尋求神的臉》(*Seeking the Face of God*)後，那間教會邀請我在他們的退修會中擔任講員。我到達之前收到幾封信，那間教會的一些會友表達了他們的崇高期望。在第一次演講開始時，我盡力消除這些期望。我告訴他們：「在這個週末製造一個高峯經驗是很容易的。與崇拜領袖合作，定下正確的時間表，小心地協調教導的進展，我們便可以製造屬靈的高潮——如果我們想這樣做的話。

「但經過為這個週末長時間禱告後，我確信我在這裏不是要令你們與神有一個刺激的『約會』。我想和大家談論怎樣嫁給神——怎樣透過生命的起跌和日常事務，學習花時間與神一起，享受祂，配合祂的旨意。任何人都可以與神『約會』。真正成熟的人卻尋求忠於祂，成為祂的終身伴侶。」

這就是我寫這本書的態度。我們怎樣學習在生命的不同季節，每天都愛神？我們怎樣將這份愛保持新鮮？我們怎樣在愛慕和明白神中成長？

我們藉著花時間與神一起達到這些目的。一旦我們明白基督徒建立這種關係的多種不同方式，我們便有更多意念，讓我們更親近神，更穩定地走在祂身旁。

現在讓我們將注意力轉向十分簡單，但卻十分有力的屬靈氣質吧。

第2部

九條神聖路徑

第2章

自然主義者：
在戶外愛神

一個聖誕前夕的下午，我走到弗吉尼亞州馬納撒斯(Manassas)郊區樹林一個我喜歡的地方散步。那個寧靜、沒有活動的世界，與百貨公司和商場的匆忙和拼命相比，是我很歡迎的改變。那份靜止製造了一種期待基督出生的感覺，遠離愈來愈世俗化的聖誕節假期那人為的喧嚷那種匆促和憂慮。

樹林裏有一片空地。冷風吹入我頸項時，我拉緊外套。強風在我四周吹起，而且風勢愈來愈大，更突然下起雪來。我背向寒風，拉起外衣的風帽遮蓋頸部，看著大風將雪花沿著地面吹動，令雪花飄了一段距離後才落下來。我被那絕對的美景迷住時，心跳也幾乎停止。那場雪只下了幾分鐘。我太太在只在幾里以外的家裏，卻完全看不見下雪。那短暫但無價的時光，比在商場、郵局和佈置得華麗而俗氣的房間逗留幾個星期，更能夠令我記起孩童基督。

這個經驗幫助我開始將創造看為神的大教堂。我繼續在室內度過每日靈修的大部分時間，但也有很多靈修時間都和記起(及預期) 在外面、在神的大教堂崇拜神有關。這些記憶可以是十分有力的，在最初的光輝減退後很久仍然能夠留在我們腦海中。亞西西的法蘭西斯在眼睛受到感染，幾乎完全失明時寫下《太陽兄弟頌歌》("The Canticle to Brother Sun") 這首著名的詩。這或許是基督教關於創造的美麗和榮耀最經典的詩歌。[1]

我閱讀其他基督徒的歷史時，發覺不單我一個人渴望在戶外敬拜和認識神。十八世紀偉大的復興家愛德華滋 (Jonathan Edwards) 年少時寫了一篇關於北美森林的「飛行蜘蛛」(譯按：愛德華滋看到蜘蛛結網，因著蜘蛛網在空中來去自如，仿如飛行，於是寫了一篇關於「飛行蜘蛛」的文章) 的專文。多年以後，在美國其中一篇最著名的講章中，愛德華滋用懸於一條很幼的蜘蛛絲的蜘蛛來形容不悔改的罪人在憤怒的神手中的困境。愛德華滋學懂利用神的創造來理解神這位造物主，以及祂與人交往的方式，而他只是眾多這種信徒的其中一個。

我們在哪裏崇拜，對崇拜的質素可以有很大的影響。自然主義者嘗試離開正式的建築物和有墊的長椅，進入一間全新的「大教堂」，一個由神親自建造的地方——戶外。

任何有樹木或溪流，或至少是能夠看到天空的地方，都可以是神的大教堂。自然主義者發覺走到外面真的可以令乾渴的心得到滋潤，將最硬的靈軟化。對大部分教會來說，經常在戶外聚會是不切實際的；但個別敬拜者或小組卻可以從走到安靜的戶外地點與神相遇得到很大的益處。

聖經中的自然主義者

雖然現代的各種便利令我長時間都看不到那個真理，但聖經明顯應該在戶外閱讀。舊約和福音書的很多例子和典故都以大自然為基礎，而只有在大自然的環境下，它們才能夠重拾意義和力量。「生命江河」這個詞組投射在牆上時顯得古怪；但如果你站在流動得很快的河邊，它的力量便大得幾乎令人懾服。「青草地」聽起來幾乎有明信片的味道，但如果你進入一片不受污染的草地，遠離高速公路、收音機或球賽的聲音，情況便會完全不同。

我願意放棄高映機那人工的光輝，換取任何一天從山丘偷偷照射進來的陽光。我喜歡聽強風吹過地面時的呼嘯，遠遠多於在講道期間聽到暖氣機發出的叮噹聲。我們將自己關在室內時，便離開神的部分創造，因此也將我們的部分理解留在外在。我們得到人工的舒適，但卻要為此付上代價。

舊約很多「神的顯現」或神的出現，都是在曠野發生。[2]神與夏甲、亞伯拉罕、雅各和摩西會面的地方分別是沙漠、高山上、河的渡口和燃燒著的荊棘。神很少在城市的中心與人相遇。

耶穌自己似乎也尋訪造物的美。在事奉初期，祂由拿撒勒搬到迦百農這個沿海的地方。[3]祂呼召一些門徒跟隨祂時，是在加利利海邊行走。[4]

耶穌經常在郊外教導人們，祂很可能更指出祂教導時所用的象徵物。誰能夠說祂教導天父對雀鳥的看顧時，沒有小鳥在祂頭上飛過？或者祂談到花朵的美麗時，沒有真的指向那些花朵？可惜我們將施行水禮的地方由河邊轉移到講壇後面的水池。我們聆聽牧師讀出登山寶訓時，他是站在鋪了地氈的台階，而不是坐在鋪滿青草的山邊。崇拜由西奈山轉移到上了油漆的房間，藉以「保護」我們免受外界騷擾，但卻使我們脫離了西奈山的所有景色、聲音和氣味。[5]而為了實現在室內崇拜這種「進步」，我們忍受長達數月的建堂奉獻呼籲！

神為始祖創造樂園時，那是不是一間度假屋？是不是一間華麗的汽車酒店？是不是一座精巧的王宮？不！神選擇與亞當夏娃一起在有很多樹木，有一條美麗、有四個源頭的河流的花園行走。

戶外的屬靈教訓

自然主義者往往在戶外學到最好的教訓。我特別想到其中三點：他們將聖經的真理形象化；他們更清楚看到神；他們學懂休息。

將聖經真理形象化

一月的一天，我走過一片草地。雖然周圍的很多樹木都是光禿禿的，但那些長長的草已經染上了紅色。我細看一條草，發覺每一條草孤立地看都有醜陋的棕灰色，但它們一起卻創造了一種美麗的赭色。我立即想到個別基督徒和教會羣體的本質之間的聯繫，教會羣體正反映了神的榮耀。

那條路帶我到另一座小山上，在山頂我可以清楚看到弗吉尼亞州的郊區，那裏羣山起伏，又有廣闊的草地。我回想自己在華盛頓州的日子，那裏的山頂終年都鋪著雪，有常綠樹，有寬闊得多的河流和瀑布。我不禁想到，哪裏比較漂亮？我喜歡弗吉尼亞州的羣山和小溪，還是華盛頓州常綠樹林滿佈羊齒植物的土地，和以不能穿越的岩石令高速公路要彎彎曲曲地興建的高山？我不能夠確定——而就在這時，我在戶外學懂另一個寶貴的教訓：神的美是不受限制的。我站在神的大教堂裏時，想到這與「荷里活的美」是多麼不同。在那種美中，所有女主角頭髮的顏色都一樣，體形也大致一樣；所有男主角都需要鍛煉成某種體格，掌握同樣的飽經風霜的表情。

我只是一瞥無限的神和有限的男女之間的分別。那一瞥實在太突然，令我不能抓緊，但也強得足以令我在自己的限制下謙卑下來，並以神那無限的可能鼓勵我。

每天都有可以從戶外學到的教訓在等候我們，每次季節轉換都有全新的景色。愛德華滋很喜歡用和創造有關的比喻，他給筆記簿裏的一篇記錄的標題是「大自然的語言和教訓」。他說玫瑰有刺，教導我們「所有短暫的甜蜜都帶有苦澀」。吸食蒼蠅的蜘蛛代表魔鬼和試探；奔向海洋的河流象徵一切都朝向神。[6]

亞西西的法蘭西斯以關心小蟲聞名，這些小蟲令他想起詩篇二十二篇6節怎樣描述受羞辱的救主：「但我是蟲，不是人，被眾人羞辱，被百姓藐視。」明谷的伯爾納（Bernard of Clairvaux）是著名的熙篤會（Cistercian）修士，亞西西的法蘭西斯的追隨者。他寫道：「你在樹林可以找到的工作比在書本中更多。樹林和石頭會教導你的事物，是你永遠不能從任何大師那裏聽到的。」[7]

安東尼（Anthony；生於公元251年）是隱修士，他由於亞他那修（Athanasius）的著作而變得著名。有人問他：「教父，你不能得到書籍的慰藉，怎樣令自己滿足？」

安東尼回答說：「哲人啊，我的書籍是受造物的大自然，只要我有心閱讀神的話，我隨手都可以找到。」[8]

神會透過創造向我們說話，只要我們願意聆聽。如果你感到你閱讀或聽道的時間變得呆滯，拿起一件外套和一支手杖，走到外面那間永不關門的學校吧。

你這樣做時，會更清楚看到神。

更清楚看到神

一九九八年，七十七歲的格倫(John Glenn)回到太空。他幾乎立即被神的同在懾服。他告訴記者：「從這個有利位置看地球，看著這種受造物而不相信神，對我來說是不可能的。」

並非只有格倫這樣想。太空旅程明顯是頗為有效的佈道方式。奧康納(Bryan O' Connor)是一位退休太空人。他說對太空人來說，加深信仰是「頗為常見」的。「我可以告訴你，我在太空看著地球時，有一份敬畏的感覺，是以前從未有過的。」[9]

這不應該令我們感到意外。詩人宣告說：「諸天述說神的榮耀；穹蒼傳揚他的手段。」[10]使徒保羅寫道：「自從造天地以來，神的永能和神性是明明可知的，雖是眼不能見，但藉著所造之物就可以曉得。」[11]

基督教的認信和個別信徒都見證了神往往在戶外顯現和與人相遇這個聖經真理。改革傳統的比利時信條(Belgic Confession)第二條說，神「透過創造、保存和管理宇宙」為我們所認識，「宇宙在我們眼前是最好的書，在其中所有受造物，無論大小，都是多個不同的角色，帶領我們清楚看到神那些不可見的事物」。

著名的講員司布真(Charles Haddon Spurgeon)這樣說：「當然，出自好像神這樣的藝術大師手中的一切，都會有一點祂的影子！這個美好的星球上有可愛的地方，甚至褻瀆神的人也應該因而變得敬虔。我曾經在羣山中說：『在這裏看不見神的人是瘋子。』神創造的一些事物滿藏祂全能的感覺：人怎能看到這些事物，但卻懷疑神是否存在？」

彌爾頓(John Milton)在《失樂園》("Paradise Lost")這首著名的詩中寫道：「在默觀受造物時／我們可以一步一步上升到

神那裏。」[12]《祢真偉大》(“How Great Thou Art”)這首表達信仰的偉大詩歌歡慶造物怎樣號召我們來到神面前：

當我走過樹林和林中空地，
聽到鳥兒在樹中歡唱；
當我從崇山向下觀看
靜聽流水，感受温和微風；
我靈歌唱，讚美救主我神，
祢真偉大！何等偉大！

神的存在、奇妙和價值每天都在傳播，讓所有人觀看，只要我們走到外面，開放我們的頭腦和內心接受真理。

不過，戶外不單顯明神的美麗，也顯示祂那可畏和可怕的驚嚇。聖經教導我們，神是有憐憫和恩典的神，但祂也是公義和審判的神。因此，滋潤大地的雨水同樣可以在暴風中破壞海岸線也就不足為怪了。在春天養育植物的太陽，也可以在夏天曬乾脆弱的植物。在夏天令我們涼快的風，在春天的颶風中也可以吹走我們的房屋。

讓造物提醒我們神的美麗，也提醒我們神的能力和審判吧。

最後，讓大自然在我們學習在神裏面安息時，帶領我們更靠近神的平安。

學習安息

造物的這一方面特別貼近我的心。有一次，我幾乎筋疲力盡，還要在六個星期內外遊五次，其中兩次更要到國外。有人走進我的辦公室，要求我就一件頗為簡單的事情作決定。我瞪著他說：「我遲些找你吧。」

我發覺自己心神不定，於是延長吃午飯的時間，走過弗吉尼亞州福爾斯徹奇（Falls Church）的雙峽谷公園（Two Chimneys Park），然後去到附近一個有成熟樹木的住宅區，最後圍繞櫻桃山公園（Cherry Hill Park）走。那天很寒冷，但那寒風幫助我清醒過來。樹葉在我腳下發出聲響，樹木將它們的穩定投進我心中，遙遠的太陽以微笑將希望放入我充滿困擾的心。

我向神傾訴。我說：「我做不到。實在有太多事情。我要在工作、家庭、寫作、演講和所有其他事情中取得平衡。我打算放棄。」不過，經過禱告和到戶外後，我在那天餘下的時間仍然能夠面對辦公室的工作。不消幾天，神已經應允了我的禱告，體諒地讓其中兩個活動被取消，仁慈地克服了我的困難——我最初因為不謹慎而作出了那個行程安排。

我在公園裏走時，也明白到：我們並非總是需要改變。有時我們只是需要休息，而沒有地方比戶外更適合讓我們的身體和心靈休息。

在詩篇二十三篇，大衛將使他的靈魂甦醒歸功於神，但那個田園環境明顯也起了作用。[13]戶外不能夠取代與神的團契，但卻可以被神以有力的方式使用。布拉頓（Susan Power Bratton）是一位基督徒作家和自然主義者。她寫道：

> 在大自然經驗神的美麗和平安，並不能取代與創造主那重生的能力直接交往，但……要醫治我們那充滿壓力的生命所需要的修補和約束是可以透過創造流進來的。對那些在靈裏受壓迫，或在社會受到傷害的人來說，令人喜悅和寧靜的自然環境有助提供屬靈的釋放。在清澈、

自由地奔流的河邊休息，或者在荒廢、茂盛的草地中，在陽光照耀下坐在斜坡上，都可以為陰鬱的心靈帶來平安和喜樂。[14]

在繁忙的事奉中，耶穌經常找尋一些安靜的地方禱告和讓自己恢復精神。祂也教導門徒這樣做。[15]可能只是出於巧合，但有趣的是，耶穌和門徒去休息時乘坐的是船隻；被水「呵護」是最能夠令人恢復精力的經驗。耶穌知道神是照顧我們的，但受造物可以是神用來包裹我們那冰冷的心的溫暖毛毯。

怎樣在戶外愛神

夏天後期的一天，在加拿大邊境，距離華盛頓州的西雅圖以北大約一百里的伯奇特灣（Birch Bay），太陽在水面投下水晶般的光線。那天的水十分平靜，柔和地拍擊我的皮船邊。在母親懷中的嬰孩也不會比我現在更舒適。

史提夫是我大學時期的朋友，他現在是牧師。他將他的皮船靠近我。我們停止划船，讓細小、柔和的波浪搖蕩我們。接著我們談及過去十多年彼此生命的改變。我們談及神在我們生命中做了甚麼，我們感到自己接受了甚麼挑戰，怎樣感到自己得到鼓勵。我們也談及大家都認識的朋友，並且一起歡笑，感謝神，感謝對方與自己相伴，也感謝神賜世界給我們享受。

我們將皮船划回岸邊時，我因為自己在成長時錯過了甚麼而感到驚訝。童年時我居住在這個灣南面更遠的地方，在雷尼爾山（Mount Rainier）的影子之下。我童年其中一個最深的記憶是太平洋西北面的常綠樹林。

那時我經常到樹林，但大部分時間都是在那裏奔跑。我的心仍未成長到可以走進樹林，將它想為神的大教堂，一個供禱告的神聖地方。在現代，我們在醫院那消毒的環境中出生，回到家裏後又被帶到有掃上油漆的希特羅克牌(Sheetrock)石膏板的育嬰室，坐在稱為汽車的金屬機械到郊外，至少我們在受造物中欣賞神和與祂相遇的能力都受到削弱。

一位作者指出：「沒有甚麼阻止我們經驗創造的這普遍神奇特點，除非我們不能夠正確地整理我們的愛，以及不能夠運用我們的感官。」[16] 換句話説，我們的靈需要甦醒過來，才能夠全面欣賞戶外環境。伊利沙伯．勃朗寧(Elizabeth Barrett Browning)寫下以下這些現在已經廣為人知的話時便明白這點：

> 地上充滿天堂，每棵平凡的灌木都有神使之燃燒。
> 但只有看見的人才脱下鞋子／其餘的人只是圍坐採摘黑莓。

我們怎樣才可以對此甦醒過來？我從一個幼童軍，習慣了跑過樹林而從不禱告，成長為更成熟的基督徒，看見神使灌木燃燒；從中想出了一些方法。我明白到我們必須首先製造時間、安靜和獨處的空間，才能夠真正看見神。要做到這點，需要有三個元素。我們首先需要相信，然後學習理解，最後是接受。

相信

要避免對大自然抱感傷或偶像崇拜的看法，我們的生命首先需要完全歸向基督。馬丁路德告訴我們：「如果我相信神的兒子，並緊記祂成了人，所有受造物在我眼中便會比以前漂亮一百倍。那樣我在思想祂是一切的主和中心時，便能夠正確地欣賞太陽、月亮、星星、樹木、蘋果、梨子。」[17] 如果我們**不**欣賞戶外環境，或許我們根本不欣賞創造主。

馬丁路德告訴我們，我們只有以「信仰的眼睛」才能夠在大自然中看到奇迹，而他相信這些奇迹比聖禮的奇迹更偉大。他說，如果我們真的明白一粒麥子怎樣成長，便會驚歎至死。[18]

因此，甦醒過來的第一個方法是看到造物背後的創造主。馬丁路德稱造物為「神的面具」。面具將真面目的一部分隱藏起來，但也告訴我們一點關於面具背後的事情。

理解

對神甦醒過來的第二個步驟是使理解力那些已死的元素復活。聖波拿文都拉 (Saint Bonaventure) 是亞西西的法蘭西斯的另一個門徒。他提出我們可以透過一個框架訓練自己在戶外尋求神。

首先，考慮造物的偉大——高山、天空和海洋，這偉大清楚描述三一神的能力、智慧和良善是多麼廣大。

接著，留意受造物的多樣化——樹林的植物和動物多得你窮一生精力也不能研究完，這讓我們看到，神能夠同時做很多事情。那些懷疑神怎能夠同時聽那麼多禱告的人，實在太長時間沒有到樹林了。

最後，研究受造物的美——看石頭的美和形狀，顏色和它們不同深淺的美，大自然個別成員 (例如樹木) 的美，整體結構 (例如樹林) 的美。神的美不能透過一個形式反映出來，而是那麼廣大和無限，以致可以以驚歎充滿整個世界。

戶外也說出神的豐富。我們談了很多關於樹林的事。你也可以赤著腳站在沙漠裏或沙灘上，嘗試猜一下你腳下，或你視線以內，或世上所有沙灘和沙漠究竟有多少粒沙。我們事奉的是豐富的神，祂的憐憫和愛是沒有窮盡的。[19]

我兒子格雷厄姆只有兩歲時，我們靜靜地走過弗吉尼亞州的馬納撒斯戰場。我偶然指出一棵樹或一棵植物，格雷厄姆會點一下頭，然後便繼續走。對我來說，那是令人喜悅的散步，因為我們可以一起但仍然保持敬畏。現在他已經十歲，他和朋友幾乎不可能在走過樹林時不採集松球和樹枝，為家人設下「埋伏」。他在樹林中不是要理解，而是在玩耍——而玩耍也是合適的。

對真正的基督徒自然主義者來說，受造物有如聖所，是邀請你禱告的神聖地方。看你可以怎樣利用受造物使你的靈魂甦醒。你去工作或到雜貨店時，如果你駕車到遠幾條街甚至幾里的地方便會經過郊外的路，便可以嘗試將車駛遠一點。花點時間向四周觀看，欣賞神的創造。要認定旅途比到達目的地更重要。令那成為一件特別的事。

接受

心理學家告訴我們，兒童對動物的恐懼往往是因為他們將自己的侵略性轉移到動物身上。我們進入樹林時也可能做同樣的事情。我們將自己的焦慮轉移到那景物中。真正有用的散步是在第一眼看到青草時將我的計劃放在一旁，讓神按祂的心意帶領我的思想。

有一次，我沿著一條有樹木的路走，嘗試解決一個工作上遇到的困難。我的思想完全被那件事情佔據，但我沿著那條路繼續走時，感受到神在糾正我。再走了幾碼，我的思想已經變得明晰，我的心開始聆聽神，愛祂，與祂一起。

那條路轉了一個彎，開始稍微向下傾。那是初春，那裏是布爾淵(Bull Run)外的一個河牀，整個冬天我都從這裏走過。但現在卻有一條自由流動的小溪擋在那裏。我感到吃驚。我在過去幾個月都能夠輕易走過的小徑，現在卻在水底。我以前也見過這個情況，但那改變是那麼突然，令我不知所措。神的聲音突然響起：機會是會改變的。如果我們在能夠走過的時候不走過去，將來便可能不再能夠走過。

我小心地繞過河牀，踏上橫過它的細小木橋時，思想、類比和意念不斷在我腦海湧起。在那裏，神在我心裏種下新方向，我在那條橋逗留，享受豐富的敬拜時間。我看著水在腳下流過，樹枝抓著樹葉和細小的枝條，聽著河水流動的聲音，嗅著清新的空氣，沉醉在其中。我不想離開。但我因為在進入樹林時腦裏充塞著思想，所以幾乎錯過了這祝福。神因著祂的憐憫而介入，讓我在離開樹林時深深地愛著這位與我分享祂的心和目的的神。

不過，除非我們撥出時間讓神說話，然後讓祂決定大家討論的議題，否則我們便不能夠接受。我發覺我的議題往往與神不同。在我的屬靈散步中，必須由神做主動。祂知道我需要聆聽甚麼。當我被暫時的困難耗盡時，便錯過了在戶外的祝福。

你到樹林時，要準備去接受。將煩惱留在家裏吧。

自然主義者的試探

正如所有其他屬靈氣質一樣，自然主義者也要提防一些危險。[20]

個人主義

耶穌花時間在戶外獨處，但祂這樣做是為回到世界作準備。

甚至聖法蘭西斯也強調，他需要離開他深愛的郊外，進入城市尋找需要聽聞神的人。我們必須確保自己沒有利用受造物來逃避基督徒生命中的責任。

屬靈的迷惑

心理學家發現，很多到訪聖經提到的地方的人都被懾服，相信自己是聖經人物，甚至是基督。從梭羅(Henry David Thoreau)的著作到好像格倫這樣的太空人，都有很多見證證明受造物會有力地向我們的心靈説話。有時神的聲音透過大自然低語；有時則是高聲呼喊。

不過，我們必須謹記，這些洞見必須小心地加以試驗。我們不應該將任何與神散步時「接受」的事物都視為權威，而應該視之為要加以試驗的建議。聖經是惟一確定的指引，我們必須提防尋求一種經驗，是撒但樂意偽造，藉以引誘我們誤入歧途的。

將大自然當為偶像

有些自然主義者可能傾向陷入泛神論這種異端，也就是崇拜大自然。泛神論是謊言。説神存在於一切自然中，或者自然就是神，都是假的。不過，每當我被受造物圍繞時便看到神存在，這卻是真的。聖經教導我們，地是屬於耶和華的。泛神論將此扭曲為「地就是耶和華」。[21]由於各種新紀元哲學思想，泛神論開始復興。基督徒對將這些教導加入崇拜中表示關注是正確的。不過，我不會容許泛神論的謊言剝奪我透過欣賞神的創造而敬拜神這個權利。

泛神論和真正的基督徒崇拜的分別，可以透過一個母親掛念到外地上大學的女兒這個比喻表明。母親走進女兒的房間，花時間欣賞女兒留下的一切。她吸入女兒那芬芳的氣味，雙眼停留在女兒留下的海報、睡牀和幾件衣物上。她的女兒並不在房間裏，但那房間令她想起女兒存在。毫無疑問，她在房間裏，比在屋子的任何其他地方，感到更接近女兒。她女兒的一部分留了下來——那不是物質，而是證據——這可以從她女兒怎樣擺放家具，怎樣佈置牆壁，以及收集了甚麼東西可以看到。

對愛神的人也是這樣。神並不是以物質的形式存在於大自然中，但祂對細節的關心，祂無比的創造力，祂的井然有序，以及很多很多其他事情，都讓有辨別能力的眼睛清楚看到。那可以令人沉醉。沒有聖靈，我們也可能越過拜偶像的界線，墮進泛神論。但有健全的教義指導我們，有聖靈引導我們，我們便能夠欣賞大自然說「神存在」的信息，而不致陷入泛神論的異端。

你是否自然主義者？

你是否自然主義者？在有關每種屬靈氣質的討論結束時，都會有一個練習幫助你確定那是否你的主導氣質。每次我都會要求你給每句話評分，由一分到五分；五分表示十分正確，一分表示完全不正確。將你的分數記錄在空位上。

_____ 1. 我被神的創造——高山、樹林或海洋——圍繞時，感到與神最親近。

_____ 2. 如果我要花很長時間在室內，只是聽人演講或唱歌，我會感到失去聯繫。沒有甚麼比到戶外更令我感到與神親近。

______3. 我喜歡花一小時在一條小河旁邊敬拜神，多於參加集體的崇拜。

______4. 如果我可以在寒冷的一天走到花園禱告，在溫暖的一天走過草地，在另一天獨自到山上，我會感到很高興。

______5. 一本稱為《自然的聖所畫冊》(*Nature's Sanctuaries: A Picturebook*) 的書會吸引我。

______6. 在大自然中看到神的美麗，比明白新的觀念，參加正式的宗教聚會，或參與社會事務更能夠感動我。

你的總分是：______

很明顯，最高的分數是三十分；你的分數愈高，這種屬靈氣質在你生命中的主導性便愈強。但要謹記，我們大部分人都有超過一種屬靈氣質。十五分或以上已經顯示你傾向這種氣質。

現在花一點時間將這個分數記錄在二百一十九頁的第十一章上。你看完所有屬靈氣質，將你的分數全都記錄在這頁後，便可以有一幅綜合的圖畫，看到你通向神的心靈路徑是怎樣的。

一個邀請

幾年前，我正在穿鞋時，兒子走來問我要去哪裏。他知道那時太寒冷和潮濕，他不能到外面，但他想知道我要去哪裏。

我說：「戰場。」

他問：「為甚麼？」

我看著他，輕撫他的面頰說：「我在外面禱告會好得多。」

看完這章，你很可能也知道，隨著信仰深化，我成了自然主義者。我喜歡到茂密的樹林中間，到高山上，或者到海上。我的日程表不容許我好像自己喜歡那樣經常到戶外，但我已經明白，沒有甚麼地方比戶外更適合我認真地尋求神。

有一次，走過一片草地，看著太陽下山時，我發覺無論有甚麼個人痛苦，事業上有甚麼挫折或成功，財政上有盈餘還是缺乏，只要我到戶外，我總會是富足的人。

不過，有時當我在戶外時，甚麼事情也沒有發生。我可能沒有得到任何新的洞見，也並不特別感到與神親近。這教導我對屬靈經驗的要求，可以好像渴求食物、金錢或性一樣變得貪婪。對屬靈興奮的渴求，需要受到控制，讓我們可以培養自己存有的其他部分。

我們會研究另外八種屬靈氣質。其中一些對我身為自然主義者的旅程是很大的補充；另一些則主要是透過別人的經驗得知的。基督徒經驗是那麼多樣，我為了神給我在地上(以及應許我會在天上)的時間而感謝祂。這些時間容許我探索新的和更深入的方式，更多地崇拜祂和愛祂。

第3章

感官主義者：
以感官愛神

盧雲（Henri Nouwen）是一位神父，也是多產的作家，有很多關於屬靈生命的著作。他剛完成了一次令他筋疲力盡的巡迴演講，「累得要死，幾乎不能走路」。他很不安、孤單、煩躁，用他自己的話說，他也感到「有很大需要」。他到一個朋友的辦公室時，看到林布蘭（Rembrandt）《浪子回頭》（*The Return of the Prodigal Son*）這幅畫的複製品。那幅畫的力量和美麗令盧雲驚訝，他對那位朋友說：「這幅畫很美，不單很美……它令我同時想哭和想笑……我不能告訴你，我看著它時有甚麼感受，但它深深地觸動我。」[1]

盧雲寫道：

> 林布蘭的擁抱一直印在我心裏，比任何情感支持的短暫表達都更深刻。它帶領我觸及我自己裏面的一些東西，是遠在繁忙生活的起起跌跌以外的，那種東西代表了人類的靈持續的渴望……對持久的家的渴望，被林布蘭的

畫帶到意識中，變得更深和更強烈，不知怎的，令畫家本人成了我忠實的同伴和嚮導。和林布蘭的其中一幅傑作這看似毫不重要的相遇，推動了一個漫長的屬靈歷險，令我對自己的召命有新的理解，也給我新的力量活出這個召命。[2](編按：按引文重譯)

神利用這幅畫令盧雲確定服事一個弱智成人羣體這個呼召。藝術能夠令我們更深入明白神的真理和本性，有些基督徒卻大大忽略了這種能力。歷世歷代以來，最偉大的藝術品都是以信仰的名義製作的。

我過基督徒生活，也研究這種生活，發覺有些基督徒最受訴諸感官的崇拜經驗感動。我所指的感官是五官：味覺、觸覺、嗅覺、聽覺和視覺。我們將所有基督徒崇拜都化約為只是理智上的同意時，便是強迫基督徒以殘缺的存有來崇拜神。我們接受使用畢竟是由神創造的感官時，便為崇拜開闢出一條全新的路。

對好像我一樣，在將安靜和缺乏感官刺激等同敬畏的基督教環境中長大的人來說，這可能是困難的。不過，我們翻開聖經時，卻發覺神往往以十分響亮和色彩繁多的方式出現。

聖經中那響亮和色彩繁多的神

聖經描述神在天上的榮耀時是精心安排的，至少也很少是安靜的。例如：想一想以西結講述的經驗。他**感到**有風。他**看見**閃亮的閃電被明亮的光包圍、奇異的造物以及華麗和驚人的藍寶石寶座。[3]他**聽到**翅膀搧動的聲音，好像急流的水發出的聲音，以及響亮的隆隆聲。[4]接著神吩咐以西結**吃**一個甜的書卷。這一切結束後，以西結被懾服——或許那感官的衝擊實在太大——他坐下來，驚呆了七天。[5]

在以西結書十章，以西結有類似的經歷。他經歷到燒紅的炭、很強的光、響亮的聲音、雲彩充滿聖殿和奇異的景象及活動——輪子好像水蒼玉那樣閃閃生光，以及有四個臉孔的基路伯。

當榮耀回到聖殿時，我們再次讀到神的聲音好像「多水的聲音」，[6]而地上則閃耀著神的榮耀。那景象是那麼偉大，以致以西結俯伏在地上。

基督在啟示錄向約翰顯現時，那也是十分強烈的感官經驗。耶穌宣告自己的名字時，約翰描述那是「大聲音如吹號」。耶穌的頭和頭髮「如白羊毛……眼目如同火焰」。耶穌的聲音「如同眾水的聲音」。耶穌的臉「如同烈日放光」。正如任何嘗試看太陽的人都知道，那種強光會迫使你將頭轉開，而約翰也是這樣。「我一看見，就仆倒在他腳前，像死了一樣」。[7]

這些顯示神在榮耀中的圖畫，和今天往往用來描述耶穌的平靜、安靜、在賀卡中常見的形象十分不同。它們和十字架上受傷、流血、受苦的耶穌也完全沒有任何相似之處。那些認為只有安靜才是敬畏的人，在天堂可能會有點不自在，而這是我們從感官主義者那裏學到的教訓。

老實說，對我來說，感官主義是最難接受的氣質。我喜歡到戶外或安靜地獨處，遠遠多於喜歡懾人的刺激。不過，在我裏面，在每個人裏面，都有一些地方對美的存在感到敬畏。我相信這是一瞥我們對天堂的超越的渴望。如果從這個角度看，我至少可以對崇拜那感官一面開放。

美感的好處

沃格特(Von Ogden Vogt)是二十世紀初的一位牧師。他描述我們與美和與神接觸有甚麼相似之處。我認為這些相似之處有助我們更懂得欣賞感官主義者扮演的角色。[8]首先，美引發**謙卑**。例如：你去看歌劇，然後說：「即使我活一千年，也永遠寫不出這樣的歌劇。」我記得自己剛上大學不久時希望成為小說家，但卻幾乎沮喪得將一本狄更斯(Charles Dickens)的小說丟在地上。他實在寫得太好。相比起來，我的努力簡直令我羞愧。那羞愧是必須的。我們一旦經驗過這樣的質素，便永遠都不能回到平庸；正如我們一旦嘗過神，便會對世界不屑一顧一樣。

根據沃格特的見解，第二步是使我們從羞愧轉向**有尊嚴**。我們明白自己可能寫不出這樣的歌劇，但有些事情卻是我們能夠做到的。一旦我們真的謙卑下來，神便會啟發我們，讓我們知道自己能夠做甚麼，這令我們重拾尊嚴。

第三個階段產生**一種不同的世界觀**。「那不配的向下沉，那真實和良好的浮現和成長。」父母有時會看到這種轉化。他們那個聽搖滾樂、閱讀漫畫書的孩子，在上大學後開始聽古典音樂，還談論派克(M. Scott Peck)最新的著作。

第四，也是最後的階段是**明白**我們必須回到現實世界。你不能永遠留在劇院或博物館；在教會的崇拜必須讓位給在街上傳福音。但我們與美或神相遇後已經改變了。

當然，這個類比是有限制的。美並不會令我們在道德方面有進步；但與神交往卻會有這個效果，或者至少應該有這個效果。對美的追尋可以是自私的；神卻呼召我們向自己死。但美的四個階段確實對應以賽亞悔改、潔淨、光照和徵召的呼召。[9]基督教如果沒有美，便會變成脫離現實、只關乎頭腦的宗教。真理——思想——是真正基督教不可或缺的部分。但感情也是重要的，因為我們受到吩咐，不單要以我們全部思想，也要以我們的心愛神。而且，對居住在感官世界中的人，真理作為觀念往往並不足夠。沃格特寫道：

> 真理要實現便必須具體化。它必須體現出來才能夠讓人明白。沒有宗教運動是沒有豐富的物質性也能夠有力或受到歡迎的。宗教總是用象徵、禮儀、信條、感受、筵席、異象或聖禮來體現它的真理。[10]

沃格特承認我們需要先知傳講反對拜偶像和濫用感官的信息；但他也指出，人們如果沒有象徵、聖禮或禮儀，藉以表達真理，根本不能明白那真理。美就在這裏出現；任何要表達天堂的真理的事物，都必須盡可能美麗和符合人性。

喚醒感官

我第一次在維真學院的聖堂參加崇拜時，很高興自己領聖餐時是獨個兒坐著；否則我肯定會感到尷尬。人們將餅傳開；這是熟悉的經驗。接著便是杯。我張開口喝下去——那是我生平第一次嘗到紅酒。

我在浸信會成長。那表示我們以葡萄汁或甚至是Kool-aid果汁（我不是開玩笑！）守主餐，視乎那個月由誰主持聖餐而定。那紅酒令我十分驚訝。我不打算形容自己當時的表情，但我慶幸沒有被人看見。崇拜結束時，我仍然能夠感覺到那酒的味道。崇拜後多個小時，那味道仍然不斷提醒我聖餐的真理。那或許是我第一次在崇拜中得益於有力的感官經驗。

正如我較早時提過，我並不是注重感官的人；我在音樂方面的品味是外行和不成熟的。我可以完全認同神學家亨利(Carl F. H. Henry) 的話。他說他期待上天堂，因為那時他便能夠以超過一個音調唱出那些偉大的聖詩。老實説，香通常令我感到討厭。如果以遊客身分參觀精巧的建築，我會覺得很美麗，但有時我發覺它們會在真正崇拜時使我分心(而不是吸引我崇拜)。

不過，我需要記得是神創造我們的感官。透過感官享受，是神而不是撒但的主意。讓我們看在基督教的崇拜運用感官的一些方法。

聲音

對那些相信建築物愈寧靜，那個環境便愈神聖的人來説，運用聲音愛神可能顯得有矛盾。當然，我們很需要安靜的時間，但我們也有以聲音事奉神的偉大傳統，而這個傳統始於聖經。我們已經提過神向以西結和約翰顯現時有很大的響聲。還遠遠不單這樣。詩篇九十六篇這樣開始：「你們要向耶和華唱新歌！全地都要向耶和華歌唱！要向耶和華歌唱，稱頌他的名！」詩篇一百四十七、一百四十九和一百五十篇都促請信徒透過以樂器演奏音樂來敬拜神。[11]

聖經勸我們在崇拜中使用音樂不應該令我們感到驚訝。身為我們的創造主，神知道語言和音樂一起，對腦部的刺激比單使用語言為大。以很真實的意義來說，會眾在特別的音樂時段，比在聽道時更「有生氣」。而且他們會在早已忘記那教導後，仍然記得那些歌詞。

從一開始，美妙的音樂便是教會生活的一部分。偉大的作曲家韓德爾認可他所謂的「超越的音調」。他將有五、六、七或八個升半音的曲調都連繫到天堂。他用特別的和絃帶出不同的感受——G小調引發迫切或妒忌；E小調製造一種哀傷、悲歎的情緒；G大調製造一些令人想起明亮的陽光和青草地的情緒；F小調則喚起抑鬱和沮喪。[12]

有趣的是，馬丁路德認為聖經應該用來聆聽多於閱讀。他認為我們聆聽神的話時，我們的心最能夠得到轉化和受到挑戰。科學已經證實他這個洞見是成立的。我們聆聽別人讀聖經時，思想比我們自己閱讀時更活躍。

嗅覺

教堂有甚麼氣味？很多基督徒都會認為這是一個荒謬的問題。不過，教會其他傳統卻會立即嘗試提到使用香。

嗅覺可以鞏固記憶。我嗅到「強生」(Johnson) 嬰兒洗髮水時，便記起自己替兒女洗澡；我太太的某些香水令我記起我們約會的晚上。

或許這是氣味的特性，這特性令香在舊約的崇拜扮演那麼重要的角色。熟悉的氣味可以令崇拜的人記起一次崇拜特別豐富的時間。崇拜後，仍然縈繞著的氣味提醒信徒那崇拜的經驗。過了一會後，那氣味可以令信徒有意識地進入神的同在中。

神命令摩西收集香料的奉獻，用來製造芬芳的香。[13]亞倫得到吩咐，必須每天早上都燒香。[14]以利和所羅門都維持燒香這種做法。出埃及記三十章就培養芬芳的氣味提供了詳盡的指示。

神在瑪拉基書預言「從日出之地到日落之處……在各處，人必奉我的名燒香」。[15]乳香是獻給孩童基督的其中一份禮物。[16]

天使向施洗約翰的父親撒迦利亞顯現，告訴他他的妻子會懷孕生子時，他正在燒香。[17]根據啟示錄，在天堂會繼續向神獻上香，以及聖徒的祈禱。詩篇一百四十一篇2節提到香象徵禱告上達到神那裏。

聖經也有獻香的反面例子，但都是和偶像崇拜有關，[18]或者是出於失效的信仰。[19]被拒絕的不是使用香，而是濫用香。

東正教的集體崇拜一定使用香。雖然有些路德會和美國聖公會都可能使用香，但你不大可能在長老會找到，在浸信會更絕對找不到。不過，如果個別信徒在進入禱告時有困難，他們或許會發覺運用熟悉的氣味會有幫助。

當然，也有人批評使用香這種做法。即使不計一些經常激烈反對使用香的改教者，一些初期的基督徒也有他們的疑慮。例如大巴西流(Basil the Great)寫道：「現在香是令主厭惡的。因為認為神重視嗅覺的享樂，而不明白靈魂的清醒令身體變得神聖，就是獻給主的香，實在是令人討厭的事情。影響鼻孔、觸動感官的物質的香，帶來的必然結果是被非物質的存有視為討厭的。」[20]

巴西流強調神完全不關心我們以燒香作為為自己的過犯獻上的祭是對的。今天獻上的香絕對不能抹去任何罪。不過，香並非用來贏得神的喜愛，而是用來幫助基督徒禱告。它是一種手段，而不是目的。

從生理上說，香能夠令我們的頭腦清醒和改變。[21]這並不是要規定我們必須使用香；濃烈的氣味可能令一些基督徒分心。不過，因為某種東西不能有效幫助某些人崇拜，並不表示其他基督徒也不能享受那種東西。

令我感到有趣的是，很多抗拒香的基督徒卻為了非常不屬靈的原因塗香水或古龍水。他們也可能使用汽車辟味劑，或者因為某種洗髮水的氣味而選擇它。如果氣味可以用來歡迎客人或作為對配偶的特別對待，為甚麼不能用它來輔助崇拜？在某個環境中運用氣味，在其他環境則拒絕使用氣味，是隨意和人為的區分。

由於在教會歷史上一些非常有用的活動(也就是走十架苦路、使用香和其他這類活動)偶然受到污染或與有活力的信仰分開了，有些基督徒便將大部分這些活動拋棄。不過，我們做得太過分了，就好像因為害怕受到感染的手指而將手臂也割掉。

有助令現實變得超越的元素，只有少得令人驚訝的部分得到我們容許存留下來，它們包括講道、研經、禱告、象徵式地再現聖餐和歌唱。我們福音派的基督徒將自己限制在房間一個細小的角落，而不是居住在屬靈機會的廣大博物館中。

觸覺

我經常聽到基督徒抱怨說，在禱告時很難保持清醒及／或專注，特別是在清晨。

如果這些基督徒在為不同的人禱告時，將一些細小的物件拿在手裏，會感到禱告變得比較容易。一個迴紋針有助他們專注於出了問題的婚姻；一個橡皮圈可以幫助信徒祈求有一顆順從的心。

在一個復活節期間，我在口袋裏放著一口釘子，提醒我在整個復活節都獻上代求和悔改的禱告。每次我觸摸那鋒利的邊緣，或者彎下腰，感覺到那口釘子壓著我的腿時，我都記起基督的受苦。觸摸可以傳遞信息，特別是對感官主義的基督徒來說。

東正教的崇拜包括頻密的親吻——十字架、祭壇、神聖的物件。以嘴唇接觸是承認某些物件十分珍貴的方法。這是有力地作出內在和外在的陳述。有一次，我們在閣樓，我從一個盒子裏拿出一些我大女兒還是嬰孩時穿過的衣服。我立即湧起很多那段特別時間的記憶，不假思索便將一件衣服放到臉上親吻起來。

我不因為對自己的孩子有點多情而感抱歉；所以更不應該為了被十字架的真實感動而感抱歉。事實上，如果沒有十字架，我會在哪裏？因此，一個自發(或不太自發)的親吻又有甚麼不對？

我特別記得的其中一次禱告是自發地發生的。當時我是年青的大學生，想將自己擁有的一切獻給神。在未經深思下，我藉著觸摸自己身體的不同部分，將自己獻給神。我首先觸摸自己的手指和腳，祈求神會潔淨它們來事奉祂。「無論我何時與人接觸，我都希望是帶著愛。無論我去哪裏，我都想奉基督的名做一些事。」接著我觸摸自己的嘴唇。「無論我說甚麼，但願那都是事實，並會榮耀祢的國度。」然後我觸摸自己雙眼。「求祢幫助我保護自己雙眼，只讓它們看對內裏的人有幫助的事物，讓我『內在的眼睛』不會無視我周圍的真正需要。」我繼續下去，將自己身體的各部分獻出來事奉神。

後來我太太指出，我的行動和利未記八章24節的將血祝聖相似。那裏記載，摩西將血灑在亞倫兒子身上，抹在他們右耳珠、右手拇指和右腳拇趾上。

我沒有預先計劃這個禱告；只是碰巧這樣做。我不知道自己禱告了多少次，但我已經忘記了大部分內容；不過我一直都記得這個禱告。

視覺

盧雲在耶魯大學講了幾年課，才發生深受林布蘭的《浪子回頭》感動這件事。很可能只有很少神學論點或論據是盧雲沒有反覆研究過幾次的。他肯定也已經讀過浪子這個故事無數次。不過，一旦他的心被林布蘭的作品吸引著，那個比喻的真理便以全新的激情剖開他的心。

「那兩個人物之間的親密吸引著我。那個男人那件外袍那溫暖的紅色，那個少年人的外衣那金黃色，還有圍繞著他們的神祕光線。但在一個我從未到過的地方最觸動我的，是那雙手，老人觸摸著少年肩頭的那雙手。」[22]

視覺可能比任何感官都更影響我們。我們大腦的皮層是我們腦部最高的層次，其中有多達三分一是用來處理視覺的。研究人員甚至發現，視覺可以影響我們的意志，而這對我們委身於活出信仰有直接的意義。

記者朗(Michael Long)寫道：「視覺有時以相當深奧和神祕的魔力，與記憶結合，給意志能量。美國人質薩瑟蘭(Thomas Sutherland)在黎巴嫩被綁架了六年後獲釋。他說自己曾三度企圖自殺，但每次『我太太和三個女兒的影像都在我面前出現』，所以他不能真的自殺。」[23]

在基督徒崇拜和禱告中使用視覺是源於道成肉身，雖然視覺也是舊約敬拜的重要元素。神開始以色列的敬拜形式時，特別給比撒列和亞何利亞伯兩個人恩賜，並呼召他們作「各樣的工」。[24]這些工人從金、銀、銅和木中製造出美麗的藝術品。他們也發展出在細麻布上刺繡及製造精巧和趣時的編織品的技巧。

敬拜的人看到建成的聖殿時，一定驚訝得目瞪口呆。對神來說，美是重要的。聖殿的開支是可以接受的奉獻，那些利用自己的恩賜建造聖殿的人很受尊敬，聖經也說他們「被神的靈充滿」。

耶穌確實告訴井旁的婦人，敬拜必須以心靈按著真理進行，但祂是在對抗認為敬拜應該限於某一個特定地方這個錯誤觀念。在另一次，耶穌自己也接受慷慨的敬拜：一位婦人獻上昂貴、芬芳的香膏。

我到過好些剛成立的教會，所以我從經驗得知，我們在任何地方都可以真正敬拜神，包括中學的飯堂，頭頂上面還有在閃動的紅色數字告示板！不過，我們可以在這樣的環境敬拜，並不表示即使我們有機會找到更合適的地方，也應該仍然留在這樣的環境敬拜。

沃格特牧師說：「一般的教會內部設計都相當欠缺吸引力。雖然細節不一定醜陋，但卻沒有重要的卓越……無論你想不想，建築物都會產生影響，而沒有效能這種影響是相當不幸的。」他警告信徒要防避製造出過分舒適或冰冷和陰沉的建築物。[25]

諷刺的是，教會建築委員會的成員往往不是因為在建築上有洞見而獲挑選。大部分人都欠缺訓練，不能夠欣賞希臘式、羅馬式、拜占庭、浪漫派、哥德式或文藝復興建築的不同元素，並運用到今天的建築物上。

我肯定不是研究建築的人，但和每個人一樣，我也受到某個房間的整體「格調」影響，知道它令我感到平和還是不安。基督教的偉大建築師可以結合好像休息(象徵宗教的充足)、和諧及和平、禁欲(號召信徒治死肉體)、溫暖和卓越等正面的格調。[26]需要偉大的建築師才可以有這樣的功績，由一個律師、兩個主婦、一個銀行家、一個教師、一個工程師和一個牧師組成的建築委員會絕對做不到。

有些人可能不在意房間被關於即將舉行的舞會、年報的銷售和鼓勵語句等告示包圍，但感官主義的基督徒會感到受攻擊。不過，忽略環境對我們所有人都有不同程度的影響這個事實則是天真的。大教堂的建造，是要號召人們敬拜，讓我們進入時思想被提升到天上。

除了崇拜的房間外，其他基督徒也透過圖畫和聖像運用視覺。聖像象徵聖徒的順服，可以幫助東正教徒最終向聖經的艱難話語說「好的」。在另一個時間，聖像表達的影像有助帶領基督徒進入禱告。向聖像禱告從來都不是可以接受的崇拜形式，但真正的基督徒可以被聖像代表的現實提醒，從而有助專注。

鼓勵兒童在禱告時閉上眼睛以便集中精神可能是合理的，因為兒童更容易分心。但隨著我們變得成熟，我們可能會發覺在為別人禱告時看著對方(或對方的照片)，會令我們更有力量禱告。我們可能會發覺在崇拜、禱告或背誦詩篇時望著天，會令我們的話更誠懇，而不是妨礙我們。當然，由於視覺對我們有很大影響，我們最好在崇拜中包含視覺元素。

感官主義者也發覺繪畫對禱告有很大幫助。以下是一個以倫敦為基地的基督徒團體建議的練習：

A. 以圖畫表達神對你有甚麼意義。然後以任何你認為適合的方式描述你自己與神的關係。注意：棒形人像和簡單的象徵物已經足夠；毋須是專業的藝術品！

B. 用另一張紙描述你**希望**神對你來說是誰，以及你**希望**與神有怎樣的關係。或者藉著修改第一幅畫這樣做。

C. 在兩張紙的任何一張，畫上甚麼似乎妨礙神好像你希望那樣為你存在。

D. 以任何對你有幫助的方式安靜地以那些圖畫禱告。[27]

有創意的基督徒可以找到自己的方法，將視覺的元素包含到禱告中。

味覺

味覺對我們的影響是那麼大，以致我們用它來形容很多東西。我們說有文化的人是有「好的品味」。粗野或粗鄙的人「缺乏品味」。暴躁或報復心重的人是「苦毒」。很仁慈的人是「甜美」。得到新工作，但我們要因而搬家可以被稱為「有苦有甜」。兩個研究人員說：「似乎我們稱為味道的感覺是那麼強烈，那能力是那麼廣泛，以致令我們想起很多相關的感受，我們自由地將味覺的語言轉移到我們經驗的其他部分。」[28]

如果是這樣，為甚麼我們不能使用味覺為我們的屬靈生命帶來好處？我已經提過紅酒怎樣影響我對聖餐的經驗。我們必須小心，不要讓聖餐那感官的一面妨礙聖餐呼召我們作出的委身；對於健康的心靈，味覺可以增強聖餐的經驗，尤其是在我們花時間慢慢進行，不匆忙的時候。

味覺也可以在禱告中使用。甜的物件可以提醒我們神的良善；苦的東西可以令我們繼續為似乎未得到應允的事情禱告。大部分人每天都吃兩或三餐；有些人也享受餐與餐之間的一些小食。如果我們調節自己，將味覺和崇拜連繫起來，每天便可以有幾次想起崇拜。

一些聖經的段落也對味覺有幫助。馬太福音七章16節告訴我們，我們可以憑人們的果子認識他們；下次你咬特別好味(或難吃)的蘋果或橙時，想一想這點。耶穌形容自己是生命的糧；祂稱我們為世上的鹽。我們研究這些經文，或者在日常生活中得到提醒要記起它們時，可以將屬靈覺醒加入本來是例行的進食行為中。

神創造味覺；那是祂的想法。如果我們有創意，便可以找到方法以味覺愛神。

感官主義者的試探

雖然我們利用感官來敬拜神可以有很多好處，但也有很多危險。感官主義的基督徒尤其需要留意以下這些危險：

沒有確信地崇拜

感官可以騙人，特別是當我們的情感被音樂激起時。在大學時，我們有好些由著名基督徒藝術家負責的音樂會。有些藝術家利用音樂傳遞一個清楚的信息。其他演出者則只專注於音樂。有時這是好的——娛樂也有它的作用——但在這種事期間卻發出了一個聖壇的呼召。人們在某一首歌後變得很興奮，很多人都走出去。幾天後其中一個作了「決定」的婦女告訴我太太：「那音樂喚起我的情緒。但我並非真的那樣想。」在擴音器冷卻前，她的信心已經死了。

我們的崇拜也可以有同樣的事情發生。我可以多麼漫不經心地唱出表達深刻、幾乎是崇高的委身的歌曲，實在令我感到驚訝。我彷彿在想：**只要我在歌唱，我說甚麼都不重要。神知道那只是一首歌。**我的心在游離時，我答應俯伏在主面前，到地極宣告祂的名，甚至願意以死來表達我的信心。不過，這些話可能只是以我在買漢堡包時一樣的感情唱出來。基督徒在崇拜時多麼經常「妄稱耶和華的名」？

我們說謊對神來說是要緊的事，即使我們在唱歌，即使周圍的人也是那樣唱。音樂可以使我們假冒根本不存在的委身，令我們變成麻木、不真誠的信徒。

將美當為偶像

正如如果自然主義者讓肉欲闖入對受造物的欣賞，可以令他們陷入偶像崇拜；如果肉欲闖入對精巧的大教堂或美麗的聖像的欣賞，感官主義者也可以陷入偶像崇拜。

在聖經中，神的僕人——也就是天使——向人顯現時，甚至連成熟的先知都受到試探要敬拜他們。十分美麗的東西可以將我們的心從惟一配得真正、純粹的崇拜的那一位那裏偷走。有些人可以在參加完十分美麗的崇拜禮儀時，因為感官的經驗而感到滿足，但卻沒有真正進入神的同在中。

以崇拜為崇拜的對象

可惜的是，我們可能錯誤地從利用我們的感官崇拜神，墮進利用我們的感官崇拜崇拜。很多偉大的經典基督教著作都警告我們，感官的崇拜是不成熟的，至少是不及默觀者喜歡的信仰的黑夜。我不完全同意這個見解，但我確實相信，感官可以相當誤導人，特別是如果我們將感官刺激和真正的意志委身混淆起來。

另一方面，利用感官刺激來輔助崇拜，不一定表示基督徒倚靠那刺激，或者沒有它便會感到失落。我可以每天只吃一頓飯，但我不選擇這樣做。我們不能否認有些基督徒真的感到感官的輔助對他們的信仰有幫助。

你是否感官主義者？

你是否感官主義者？正如在第二章，請為以下的話評分，由一至五分。五是最能夠形容你的，一是最不適合用來形容你的。將分數記錄在空位上。

______1. 我在容許我的感官活躍的教堂中，能夠看到、嗅到、聽到和幾乎嘗到神的偉大時，感到與祂最親近。

______2. 我享受參加「高教會派」(“high church”；編按：英國聖公會中強調教會權威及禮儀的一支) 的崇拜，有香和正式的聖餐或聖體。

______3. 我在平淡、缺乏敬畏或崇高感覺的教會崇拜會有困難。美對我來說是十分重要的，如果以二流的基督教藝術或音樂崇拜，我會感到困難。

______4. **感官**、**色彩豐富**和**芬芳**這些詞語十分吸引我。

______5. 稱為《崇拜的美》(*The Beauty of Worship*) 的書能夠吸引我。

______6. 我真的能夠享受利用繪畫練習或藝術來改進我的禱告生活。

你的總分是：______

同樣，最高的分數是三十，但很少人，甚至沒有人有這麼高分，因為我們都不會單以一種方式與神交往。十五分或以上都顯示你傾向有這種屬靈氣質。

請花一點時間將這個分數記錄在二百一十九頁的第十一章上。一旦你看完所有屬靈氣質，將分數全部記錄在這頁上，使可以有一幅綜合的圖畫，看到你通向神的心靈路徑是怎樣的。

進行美的崇拜的邀請

二十世紀初的牧師沃格特向教會發出一個呼召，很適合用來結束關於感官主義基督徒的這一章：

> 我們可以很安靜和自然地以很多方式改進我們普通的公共崇拜；藉著更簡單、更高貴和更美麗的教會建築物；藉著更有關連和刻意的宗教音樂；藉著以繪畫、窗户等有力的刺激物……；藉著更統一和有高潮的崇拜；藉著耐心地留意聖禮不同的微小地方；藉著預備得更好的禱告；以及藉著給予會眾更多指示，懷著屬靈的努力和敬畏的期待。[29]

要謹記，視覺、聽覺、味覺、觸覺和嗅覺都是神的恩賜，多於是撒但的試探。利用我們的身體榮耀神，比否認身體在崇拜中的角色，然後在令我們犯罪的地方使用身體好得多。諾斯底主義 (Gnosticism) 強調一種特殊的知識，因此令思想成為惟一真正重要的領域。這種主義在多個世紀以前已經被判定為異端，遭到丟棄。

我死時，我希望能夠以自己所是的一切愛神：我會將自己的思想轉向祂的智慧和真理，將我的手轉向事奉祂，將我的視力轉向祂的美，將我整個人轉向享受祂的同在。

第4章

傳統主義者：
透過禮儀和象徵愛神

我從古老的木長椅站起來，走到教堂在祭壇附近的側門時對自己說：「那沒有花多少時間。這些美國聖公會的人肯定懂得怎樣舉行簡短的崇拜。」

聖職人員轉過身，看見我走到通道。他面上流露出十分疑惑的表情。我向兩邊稍為一瞥，驚訝地發覺人們正在坐下，而不是離開。崇拜還未結束，只是剛剛開始。

我的面比聖餐的酒更紅，我悄悄在最接近自己的長椅坐下。我學到「傳遞平安」不是結束的祝福，而是好像浸信會的「彼此握手」。

那經驗令我更尷尬的是，那時我並不是初信的基督徒。我已經參加過數以千計的崇拜。不過，我在浸信會長大，在大學和神學院時則在基本上是跨宗派的教會聚會。這是我第一次參加禮儀教會的崇拜，我感到十分不自在，就好像讀大學時的宣教小組參加錫克教的婚禮，進行跨文化體驗一樣。

如果你不是在禮儀教會長大，便需要一段時間才能夠適應，但卻會有很大的好處，即使是在浸信會長大的人也會從中得益。有時離開我們自己的傳統，有助我們以新的方式明白信仰裏一些我們熟悉的部分。請聆聽長老會的詩人和作家諾莉斯 (Kathleen Norris) 怎樣說：

> 我想我和典型的同代人很相似。我在中學後便不再上教堂。我真的不能解釋十年後甚麼吸引我回去。諷刺的是，我認為令我留在教會的是那些本篤會修士。我已經結了婚，也不是天主教徒。但我開始參加他們的禮儀時，他們會唱或背誦一首詩篇，閱讀一段聖經，以及每天祈禱四次。能夠高聲讀出詩歌和聆聽別人讀出詩歌，對我來說是全新的做法，雖然這種做法已經有一千七百年歷史了。那真的能夠滋潤我，令我成為更好的長老會會友。[1]

諾莉斯現在形容自己是「長老會的本篤會」信徒。我認為她代表了很多基督徒。他們希望留在自己的傳統中，但又發覺其他基督教傳統有一些崇拜的元素可以大大增強他們的信心。

有些人對**宗教**這個詞的反應，好像兒童對**上牀睡覺**這個詞的反應一樣。他們害怕沒有實質的信仰形式。這是對的。因此，他們強調：「基督教是關係，不是宗教。」

不過，在真正的信仰中，宗教實踐和禮儀可以帶來十分有力的好處——對與神發展豐富和不斷增長的關係來說，是朋友而不是敵人。

聖經對宗教實踐的記載

即使我們對宗教實踐有諸多懷疑，但我們也必須記得，它們大部分都是由神發明(有時甚至是命令)的；它們是舊約族長生命的標記。而且，雖然新約人物提倡「藉著恩典，透過信心得救」，他們也熱誠地參與某些宗教實踐——當然不是為了賺取救恩，而是為了滋養他們的信仰。

宗教實踐是人們將屬靈真理具體化的方式。因此聖經包含很豐富的「神聖宗教實踐」傳統。

亞伯拉罕藉著建築祭壇表達他的信心。神在示劍向他顯現，並告訴他迦南人的土地終有一天會屬於他時，亞伯拉罕為耶和華築一座祭壇。當他從示劍搬走，在伯特利和艾之間支搭帳棚時，為耶和華築另一座祭壇。亞伯拉罕搬到希伯崙時也是這樣做。藉著這種做法，亞伯拉罕為自己的信心帶來形式。[2]

神開始將以色列的宗教正式化時，拒絕偶像崇拜，並命令摩西用泥土築一個祭壇，用來獻燔祭。神重新調校宗教實踐，而不是拒絕這些實踐。事實上，亞倫和他的兒子接受了詳細的宗教禮儀，是他們需要依從的，[3]這些禮儀會「將聖的、俗的……分別出來」，[4]令對神的敬畏得以延續下去。

現代的基督徒可能嘲笑這種象徵。我們可能說：「這種東西只適合那些愚昧無知和迷信的人。神肯定不在意這種象徵。」但神是在意的——至少祂十分在意——因為當亞倫的兩個兒子拿答和亞比戶在「耶和華面前獻上凡火」時，耶和華殺死他們。拿答和亞比戶死後，神就祭司應該怎樣來到祂面前，給摩西更具體的指示。[5]

神明白我們對象徵的反應往往顯示我們的心對祂的回應。

如果我們對象徵輕率，我們往往對象徵所代表的也輕率。為了防避這種情況，神指示摩西在興建會幕時要完全依照神給他的指示。[6]祂吩咐摩西不能有任何偏離。

以斯拉也是傳統主義者。他研究律法，並教導人們律法的規定，宣告禁食，獻祭，為罪哀傷，認罪，並公開誦讀律法。[7]

很多新約人物都遵守宗教禮儀，教導我們宗教在我們的崇拜中仍然有地位，即使基督教的實質是建基於信心。耶穌習慣在安息日到會堂。(如果耶穌認為需要定期、正式地參加崇拜，我們更應該這樣做！) 彼得和約翰都遵守在固定的時間定期禱告的做法。保羅這位透過信心憑恩典接受救恩的先驅，在腓立比期間，也於安息日在河邊禱告，遵守當時的宗教習俗。他也樂意行潔淨的禮儀。[8]

這些新約人物都清楚表明，沒有人可以單靠宗教得救；但他們也清楚以他們的榜樣表明，基督徒可以藉著某些宗教實踐得到培育。

傳統主義表達信仰的元素

我相信我永不會忘記自己第一次走進華盛頓的國家大教堂時的情況。我童年時聚會的教堂通常都是長形的建築物，前面有一個十字架。如果你將十字架移走，在地上鋪上橡膠，便會有一間體育館。

那大教堂卻完全不同。我們第一次駕車到那裏時，我女兒阿利森高聲說：「那是一座城堡！」

那些門很重，而且十分堅固。地上和樓梯的石頭給我一種有保障的感覺，我彷彿走在和地面一樣堅實的根基上。我第一次踏進主要的聖所時，感到自己很渺小，比我凝視天空時更渺小。那裏還有旁邊的小禮拜堂，有蠟燭在燃燒，也有一些禮堂，內有安放了死去多時的基督徒的墓穴。我雙眼留意著坎特伯雷講壇，它是那麼宏偉，以致當我想到自己站在指揮台後面講道時，幾乎笑了出來。

我發覺祈禱會在中午舉行。遲些我會嘗試參加一兩次祈禱會，或者花一個下午在旁邊其中一間禮拜堂禱告。不過，禱告變得困難，因為國家大教堂既是聖所，也是熱門的旅遊地點，你很快便會發覺不可能有任何比較長時間的獨處。

我對這座宗教建築物感興趣，令我太太感到驚訝。在我生命的早年，我的基督徒生命都是藉著在街上向不信的人作見證，以及維護公義表達出來。看見我在大教堂裏流連，嘗試在被宗教裝飾包圍時禱告，是一件新事物。

一些人童年時已經沒有用某些元素來作為信仰的真實表達，所以他們視這些元素為了無生氣，將它們拋棄；但這些元素開始以新的方式滋養我的心靈，在我的屬靈生命中製造一種以前沒有的力量和深度。那些經驗令我重新欣賞傳統主義這種氣質。

傳統主義者的道路有三個元素：

- 儀式（或禮儀模式）；
- 象徵（或重要的意象）；
- 和獻祭。

恩德曉（Evelyn Underhill）是二十世紀初一位很受歡迎的基督徒作家。她稱這三個元素為「超級合理的行動的合理象徵。」[9]它們是我們利用物質世界表達非物質（屬靈）真理的方法。

儀式

儀式的力量就是強化行為的力量。更正教、羅馬天主教和東正教的基督徒對哪些儀式最合適，可能有不同意見，但所有基督徒都可以從儀式中得益。

當代作家兼藝術家納爾遜(Gertrud Mueller Nelson)說：「神創造一個有秩序的世界，有空間、物質、時間、生命和有祂自己形象的人類。透過儀式和典禮，我們人類從混沌中帶出秩序。在無盡的空間中，我們創造一個固定點——一個神聖的空間——藉以給自己方向。對永恆性，我們賦予有節奏的重複：周期性的筵席……對太廣大和沒有形狀的東西，我們以較細小、可以處理的形式來應付。我們為了實際而這樣做，但我們也為了崇高的目的而這樣做：安全地與那神祕的交往，與那超越的溝通。」[10]

為了進一步解釋，納爾遜提到一種我們所有人都見過的實踐。看兒童在受到海上那龐大和有力的巨浪嚇怕時，怎樣將巨浪「馴服」。他們在海浪出現的地方附近，在泥沙中挖一個洞，讓水充滿那個洞。簡單來說，兒童藉著創造一個他們可以控制和管理的「小型的海」，來回應那個龐大的海。納爾遜寫道：「他們創造了一個洞，來捕捉超越的某些東西。同樣，我們不能直接進入全能者的可畏中。於是我們好像海洋面前的兒童，背向太大的東西，慢慢創造一個形式，是可以包含那不能被包含的東西的……有時，全能者的能力需要我們防避，但也需要我們向其招手、召喚和討好。」[11]

儀式好像聖禮一樣，提供一個途徑，讓我們進入神的榮耀，而仍然不會面對對人類來說太強大的力量。讓我們研究一些儀式吧。

慶典和典禮

我女兒不肯放開我的手。我可以感受到她的不安，於是彎下身對她說話。

「有甚麼問題？」我問。

「我穿得那麼花俏」，她說，尷尬地觸摸自己的裙子。

我環顧四周。我們周圍的人都穿著皮外衣，顏色棉毛衫，閃閃生光的夾克，上面有專業運動標誌，還有藍牛仔褲。這是在監獄等候室的典型人羣。阿利森和我剛參加完受苦節兒童聚會，正在等候探訪一個囚犯。

「不要緊」，我告訴她：「這是受苦節。他們會想到你剛上完教堂。」

等了長得不尋常的時間後，終於叫出囚犯的名字，我們走到囚室。我已經讓阿利森對將會看到甚麼有心理準備——我們探訪的人會在一間密封的玻璃房內，我們會透過電話交談。最後我找到那個人，開始和他談話。

「我等了很久」，我說。

「我在體育館」，他回答說。

「這裏在復活節有沒有甚麼特別節目？」過了一會後我問。

「這個週末是復活節嗎？」他問。「我還以為上個週末就是。我在電視上看見拿撒勒人耶穌，所以以為那一定是復活節了。」

我必須承認，我心裏 ·沉。對於這些事情，我並不特別虔誠，但想到另一個信徒在受苦節玩籃球，不知道復活節快將來到，令我感到憂愁。

這個人很難才將自己的生命交託給基督。他有那個渴望，但卻面對壓力，以致有時會動搖。用四天好好地慶祝復活節可以有奇妙的效果。

在教會歷史的某個時期，復活節是長達四十天的慶祝。對我們這樣忙碌的文化來說，四十天實在太長了，所以我們將它縮短到四天——聖星期四、受苦節、聖星期六和復活節主日。但對現代基督徒來說，即使這樣也太長，所以我們在週末晚上看《聖袍》(*The Robe*；編按：由Lloyd C. Douglas寫的關於耶穌釘十架的小說，之後被拍成電影)，然後在主日早上容光煥發和漂亮地出現。

但我們毋須這樣。宗教典禮有它們的地位。它們可以是了無生氣的儀式，但也可以是改變生命的相遇，視乎我們怎樣對待它們。如果我們願意從世界隱退幾天，可能發覺神可以以一種力量充滿我們的典禮，是我們從來都不知道它存在的。

溫格林(Walter Wangerin)撰寫《重返榮耀》(*Reliving the Passion*)[12]時，是對教會作出一大貢獻。這本小書提供一個簡短的默想，是以馬可福音為基礎的。那個默想帶領讀者由聖灰星期三去到復活節主日。羅茲(Tricia Rhodes)寫了一本類似的書，名叫《默觀十架》(*Contemplating the Cross*)。也有人寫了其他書籍幫助基督徒慶祝聖誕節。雖然有些基督徒認為我們不應該理會這些節期，但傳統主義者卻會說我們應該比任何人都更多慶祝這些節期，而且我們有相當充分的理由。

特別花心思令聖誕節和復活節顯得特別的母親，是為家人實行模範的基督徒事奉。向子女解釋某些主日和慶祝有甚麼意義的父親，是對他們進行重要的牧養工作。

在愈來愈趨向後基督教(post-christian)的文化中，這樣做尤其重要。我太太和我帶一位初信的基督徒參加第一次平安夜聚會時察覺到這個需要。我們來到教堂時，他問：「我明白為甚麼我們慶祝聖誕節，但基督的死和復活不是同樣重要嗎？為甚麼我們不慶祝這些節日？」

「我們有慶祝」，我說：「是在受苦節和復活節這樣做。」

「噢，就是這樣嗎？」他說。這個年青人在美國長大，但卻不明白復活節的意義！

聖經和禮儀實踐

對任何基督徒來說，默想聖經都是得到滋養的重要泉源，對傳統主義者尤其如此。這種重複的操練首先由舊約建議：「這律法書不可離開你的口，總要晝夜思想，好使你謹守遵行這書上所寫的一切話。」[13]

某些聖經禮儀可以為舊實踐加上新意義。考慮嘗試以下的實踐：

大聲誦讀聖經。我有一次在酒店房間裏開始這樣做。我正在旅途中，感到很疲倦。我嘗試靜靜閱讀聖經，但那些話似乎融合在一起，我甚麼也得不到。但我知道我需要恢復過來，於是我站起來，在房間裏踱步，開始大聲誦讀聖經。就在那時，那些話變得充滿生氣。聽到這些話，似乎將它們塞進我的頭腦裏。

運用詩篇。初期教會偉大的教父屈梭多模 (Chrysostom) 認為每個基督徒在早上閱讀詩篇六十二篇，在晚上閱讀詩篇一百四十篇是理所當然的。阿爾勒的該撒留 (Caesarious of Arles) 認為，所有基督徒都認識詩篇五十篇、九十篇和一百零三篇。[14] 重複閱讀相同的經文，直到你完全記在心裏，可以有很大的好處。想像一下自己在三十多歲時每天閱讀一篇詩篇，到了八十歲時有多大能力。禮儀可以以信仰的線將我們的年月連結起來。

以聖經開始每一天。我從十多歲開始，每天早上做的第一件事，以及每天晚上做的最後一件事，都是閱讀一章聖經。這樣我第一和最後一項有意識的活動都是閱讀神的話。我聽過另一位基督徒說，他在晚上將聖經放在自己的鞋上。第二天早上，他在穿衣服前必須先閱讀聖經。

教會年曆

基督教以神介入物質世界為基礎，最明顯的是基督的道成肉身或出生。[15]正因為這樣，慶祝教會年曆對基督徒崇拜會有很大幫助。

我們將歷史事件——不單是聖誕節和復活節，也包括五旬節和將臨節及升天節——禮儀化時，是肯定我們的屬靈崇拜是以歷史為基礎的。

我也喜歡在自己的年曆中加入更多提醒我記起當代事件的事情，或許是提醒我帕斯卡 (Pascal) 在一六六四年十一月二十三日的出神經驗；或許是潘霍華 (Bonhoeffer) 被監禁，以及最終在一九四五年四月九日殉道；或許是奧古斯丁 (Augustine) 的出生——任何因為歷史人物影響了我的信仰而有特別意義的事件。

在這些日子，你可以閱讀某個基督徒的部分著作，或者只是思想那人一生對基督教歷史的貢獻。這些回憶的時間啟發我們也盡自己的本分建立基督的身體，無論那本分是多麼有限。

禱告的規律

為了令禱告有系統，很多基督徒都發覺建立禱告的「規律」或「習慣」是有幫助的。這樣有助他們每天都禱告。

由於目的是每天都重複這種實踐，所以最好是將這段禮儀時間保持簡短。你總可以將它延長，但如果那基本的規律佔的時間變得太長，你便可能會受到試探要不時停止這種實踐。

要建立自己的規律，你可以研究一些聖公會或東正教的祈禱書。在使用東正教的祈禱書時，福音派基督徒會想刪去以馬利亞為對象的詩歌或禱告，但其餘的大部分內容都會很有幫助。

以下是一個由達納韋 (Marc Dunaway) 編寫的規律。我刪除了一部分，也加上了一部分；完整的大綱加上一些建議的禱告，可以在《建立祈禱的習慣》(*Building a Habit of Prayer*) 這本在一九八九年由教會會議出版社 (Conciliar Press) 出版的小書中找到。以下內容也取自這本書。

祈求

奉聖父、聖子、聖靈之名。阿們。

(安靜一段短時間)

神啊，求祢憐憫我這個罪人。(重複三次)

〔留意：我發覺重複的禱告有幫助，不是因為這樣神更可能聆聽我的禱告，而是因為這樣有助我更全面明白自己禱告的內容。〕

祈求潔淨

詩篇五十一篇

主啊求你潔淨我的罪，憐憫我。

向聖靈禱告

主啊，願榮耀歸祢。願榮耀歸祢。

天上的君王啊，安慰者啊，真理的聖靈啊，良好事

物的寶藏和生命的賜予者啊，求祢來居住在我們裏面。潔淨我們，除去所有污穢，拯救我們的靈魂吧，良善者。

三聖頌禱告

神聖的神，神聖的大能者，神聖的不朽者啊，求祢憐憫我們。(重複三次)

願榮耀歸於聖父、聖子和聖靈，從今時直到永遠。阿們。最聖潔的三一神啊，求祢憐憫我們。

主啊，求祢潔淨除去我們的罪。

主人啊，求祢赦免我們的過犯。

聖潔的那一位啊，求祢為了祢名的緣故降臨，醫治我們的軟弱。

主啊，求祢憐憫。(重複三次)

願榮耀歸於聖父、聖子和聖靈，從今時直到永遠。阿們。

我們在天上的父，願人都尊祢的名為聖。願祢的國降臨；願祢的旨意行在地上，如同行在天上。我們日用的飲食，今日賜給我們。免我們的債，如同我們免了人的債。不叫我們遇見試探；救我們脱離兇惡。因為國度、權柄、榮耀，全是祢的，直到永遠。阿們。

主啊，求祢憐憫。(重複三次)

號召進行崇拜

來吧，讓我們崇拜，伏在神我們的君王面前。

來吧，讓我們崇拜，伏在基督我們君王和我們的神面前。

來吧，讓我們崇拜，伏在基督自己，我們的君王和我們的神面前。

歌曲（可選擇）

《來吧，讓我們崇拜和俯伏》（"Come Let Us Worship and Bow Down"；或類似的歌）

閱讀或唱出一篇詩篇

閱讀聖經

依從你自己的程序

為當天選一首聖詩或歌曲

代禱

將你自己自發的請求帶到神面前，或者依從一張你自己建立的代禱名單。你可能想包括一段時間，讓神將一些要求（或指示的話）放在你心裏。

結束禱告

願榮耀歸於聖父、聖子和聖靈，從今時直到永遠。阿們。

主啊，求祢憐憫。（重複三次）

主啊，感謝祢垂聽我的禱告。求祢給我力量在今天事奉祢。求祢憐憫我，拯救我，因為祢是良善的，而且祢喜愛人類。阿們。

有些人可能感到這種結構妨礙他們禱告；但另一些人，特別是那些與游離的思想搏鬥，或者剛學習禱告的人，卻可能發覺這個形式有助他們的禱告在紀律和誠懇方面得到改善。

福音派運動將禱告變得太非正式，令這運動受損。「對神説話，將你心裏的話告訴祂」這種流行的指引，對初信者好好學習怎樣禱告來説，往往並不足夠。根據一套規律禱告可以訓練基督徒合適地禱告——以敬拜、感恩和認罪，與祈求連繫起來。

另一個我發覺相當有用的禱告規律是以主禱文禱告，在每一行都停下來，將那部分的禱告個人化。這樣，我便以主禱文作為我自己自發性禱告的基本結構。這是很好的混合。

定期的禱告

在整個基督教歷史中，信徒都往往認為禱告實在太重要，不能夠讓它成為偶然的事。而初期的基督徒則認為特別安排時間禱告是在禱告上忠誠的惟一方法。

亞歷山太的革利免（Clement of Alexandria）是二世紀後期一個重要的基督徒作家。他告訴我們，很多基督徒都在固定的時間禱告，例如在第三、第六和第九小時。他們通常在飯前和睡覺前唱讚美的頌歌和讀經。[16]

早期的基督徒文件《十二使徒遺訓》（*The Didache*）指出，一世紀的基督徒需要每天祈禱三次，通常是使用主禱文。特土良（Tertullian）是三世紀初期的基督徒領袖。他鼓勵信徒好像亞歷山太的革利免那樣，除了在一天開始和在晚上結束時的定期禱告外，也在第三、第六和第九小時禱告。不過特土良也強調，那些時間只是指引，而不是規定。他説，基督徒一天需要至少祈禱三次，而固定的時間可以幫助我們達到這個目標。[17]

我開始每天花時間禱告時，往往因為自己即使在上午花了一小時禱告，到了午飯時卻已經忘記了神的同在而感到沮喪。比較短但更頻密的禱告，可能可以幫助我們更察覺神在我們生命中的同在。要我們每天早上、中午、晚飯前或後都花五分鐘在禱告中會見神會有多困難？

禮儀為我們的信仰提供結構。一旦我們學懂運用禮儀，傳統主義者也可以加上使用能夠提供意義的象徵。

象徵

有多少次，你聽到一篇感人的道，幾乎被一節有力的經文擊倒，或者得到新的洞見，但卻因為很快忘記而失去那影響？象徵可以幫助我們克服基督徒生命的其中一個重大問題——記憶力差。

潘霍華是一位因為對抗希特勒(Hitler)而殉道的德國信徒。他因為其他囚犯在空襲時那麼接近死亡，但一旦危險過去，便將它忘記得一乾二淨而感到驚訝。盟軍轟炸監獄時，不信的人向神呼求拯救；但那些轟炸機離開，沙塵落定後，那些囚犯便繼續玩紙牌和消磨時間，忘記了自己向神的祈求。潘霍華寫道：

> 令我和其他人一再感到迷惑的是，我們多麼快便忘記了在晚上受到轟炸的經驗。只是在警報解除後幾分鐘，我們一直在想著的一切都似乎消失於空氣中。對路德來說，一次閃電已足以在未來的很多年改變他生命的路。今天這「記憶」在哪裏？喪失這「道德記憶」不是引致所有責任、愛、婚姻、友誼和忠誠被破壞嗎？沒有任何東西是牢固的，沒有任何東西可以抓得緊，一切在今天存在，到了明天就消失。

> 但生命中的美好事物——真理、公義和美——所有偉大成就，都需要時間、堅定和「記憶」，否則便會衰退。對過去不感到有責任，也不希望模塑將來的人，是會「忘記」的人，我不知道我們可以怎樣對待這樣的人，令他們醒悟過來。每一個字，即使在此刻令他們留下深刻的印象，都會從左耳入，然後從右耳出。對這樣的人可以做甚麼？這是基督教事奉的一個大難題。[18]

象徵幫助我們保存這「道德記憶」，而這是正確生活所必須的。

神認可使用象徵。祂向摩西說：「你吩咐以色列人，叫他們世世代代在衣服邊上做繸子，又在底邊的繸子上釘一根藍細帶子。你們佩帶這繸子，好叫你們看見就記念遵行耶和華一切的命令，不隨從自己的心意、眼目行邪淫，像你們素常一樣；使你們記念遵行我一切的命令，成為聖潔，歸與你們的神。」[19]

我可以聽到反對的呼喊：「但我們是藉著信心得救！我們不需要那些舊約的象徵！」象徵與拯救我們無關，但卻與明白救恩對我們日常生活的影響大有關連。因為我們得救，並不表示我們不需要幫助自己過聖潔的生活。

例如：在駕駛時難以活出自己的信仰的基督徒，可以在倒後鏡掛一個象徵物——一個十字架或一條魚，在自己開始發脾氣時挑戰自己。（這肯定比在車尾的保險槓貼上一張基督教貼紙，讓所有人看見，但卻好像地獄之子那樣駕駛可取！）我有一位牧師朋友利用家裏附近的一個池塘作為象徵。每當他駛近那個池塘，便記起自己正在回家，需要預備自己將焦點放在妻子和孩子身上，將教會的煩惱、擔心和關注都留在池塘的北面。他可以在第二天早上經過那個池塘去工作時，將這一切重新拿起來。

每種情況的每個需要，我們幾乎都可以找到象徵來滿足。在性方面失敗的男女可以戴上十字架，提醒他們自己曾承諾要保持貞潔。其他人可能選擇在某些集中精神禱告的時間戴戒指；每當他們看到那隻戒指，便記起自己的禱告。

潘霍華在獄中發覺對他有幫助的其中一個象徵，是在禱告時劃十架聖號。對熟悉潘霍華的著作的人來說，這是十分重要的。在他生命的那一刻，潘霍華正在追尋「沒有宗教的」基督教，但他的實驗失敗了。正如很多基督徒那樣，潘霍華發覺象徵可以有力地引入神的同在和現實。

建築師也運用基督教的象徵。例如：拜占庭的教堂往往和十字架的形狀相似。另一些教堂則建成圓形，象徵「教會擴展到整個世界的圓圈」。還有一些教堂為了象徵的目標而運用了建築的元素。教堂的中殿 (nave) 是會眾坐在一起的地方。這個名稱來自拉丁語*navis*，或船，象徵教會的船在世界的海浪中顛簸，與挪亞方舟的圖畫相似。詩班所在的高壇象徵教會的勝利。[20]

有些基督教傳統用洗禮的布作為象徵。這種布稱為「白長袍」(“alb”) 。信徒將它們保存下來，作為洗禮的紀念，並在死後蓋在屍體上。我認為這是十分美麗的象徵——穿著宣告洗禮的盼望的衣服下葬。

當然，福音派信徒運用餅和酒或果汁作為基督的身體和血的象徵。歷史上基督教會都大量使用關於三位一體各個位格的象徵。人們往往以希臘語chi (*X*) 和rho (*P*) 來象徵基督。這個象徵看起來好像是字母P寫在字母X上面。而這兩個是基督 (Christ) 的希臘語開頭的兩個字母。人們也使用I. H. S.，它們是耶穌 (Jesus) 的希臘語的頭三個字母。那條魚裏面的五個字母是希臘語耶穌基督、神、兒子、救主這幾個字開頭的字母。耶穌的神性和主這個身分都以牧羊人——好牧人——的畫為象徵。祂的受苦和苦難則在羔羊的圖畫中反映出來。[21]

初期教會通常不用任何象徵來代表聖父。祂只是透過道成肉身的基督顯明出來，因此從來都沒有任何地上的圖畫可以借鑒。不過，到了大約十二世紀，人們有時以手代表聖父。在十三和十四世紀則加上手臂，象徵耶和華的膀臂。後來，聖父被描述為一個年老的男人；到了再後期，西方將聖父描繪為有多個冠冕的教宗（地上的教宗只有一個冠冕）。[22]

我並不是鼓吹大家回到這些象徵那裏。我個人同意初期的基督徒神學家拒絕描述聖父這種做法。好像手這樣模糊不清的東西可以合法地作為藝術表達，但對於聖父，一個年老男人的圖畫卻並不恰當。描繪耶穌是一回事，因為祂是道成肉身的；但描繪父神卻是危險的，因為我們沒有見過祂。

當然，人們往往用鴿子（令人想起聖經在聖靈降在耶穌身上時所用的比喻）或火（令人想起五旬節那天「火的舌頭」落在門徒頭上）象徵聖靈。歷史上，曾經以一個三角形或三個交錯的圓圈來代表三位一體的神。[23]

基督教藝術運用很多不同的象徵，現代的傳統主義氣質會發覺這些象徵在家裏、辦公室和汽車上都可能有幫助。這些象徵包括錨（盼望，水手的最後盼望）；箭（殉道、痛苦、苦難）；橫額（勝過迫害和死亡）；圓圈（永恆）；皇冠（主權）；燈（智慧和虔誠）；手掌（殉道）；和正方形（地上的存在）。[24]

十字架往往是基督教的其中一個主要象徵，但即使這個象徵也有多種不同變化。任何看過東正教目錄的人都知道，東正教的十字架和更正教信徒佩戴的十字架是不同的。更正教的十字架肯定也與羅馬天主教的十字架很不同。十字架的象徵在多個世紀以來都有改變。在中世紀初期，人們通常描繪基督在十字架上，象徵受苦的救主。不過，在更早的時候，十字架上通常都沒有被釘的基督，藉以用**空**的十字架象徵基督徒的勝利。

初期的基督徒藝術家用顏色作為象徵，正如現在的禮儀教會一樣。雖然這種象徵有點差別，但一般來說，在復活節和聖誕節時用白色，代表喜樂；紅色代表十字架的崇高，殉道者的盛宴，和主的受苦；綠色代表普通的主日和週日，也是生命的象徵(植物和蔬菜)；紫色在大齋期、聖週和將臨期使用，代表愛和痛苦聯合；黑色只在受苦節使用。[25]

更細緻的象徵形式涉及使用怪獸飾，人們以這些裝飾的醜陋、粗糙和粗鄙，來與純潔、高貴、美麗和良善作對比。不過，有些人以迷信污染了這些象徵。迷信之於宗教，就好像肉欲之於愛一樣，是空洞的替代品，錯失了原型的力量。

如果象徵變成信仰的中心(而不是用來作為提醒)，也會變得危險。這種事在舊約的歷史上發生過。在一次這樣的事件中，神命令摩西造一條銅蛇，讓以色列人可以從被蛇咬這災難中得醫治。後來，以色列人開始拜那條銅蛇，視它為神而不是象徵。[26]好的東西也可以被扭曲，但被扭曲的是對象徵的使用，而不是象徵本身。

當代作家納爾遜寫了一篇很好的文章講述禮儀和象徵，為我們的崇拜帶來十分需要的「詩意」：

> 我們與教會詩意的一面失去了聯繫，這一面曾經……透過禮儀和象徵，透過有節奏的重複滋潤我們……這富創意和詩意的教會幫助我們將全部注意力集中在我們本來

可能視為普通和平凡的事物上。禮儀和象徵運用我們存在中那些平凡和自然的元素，並藉著圍繞它們，帶來認可、聖化和完整。那平凡的變成了神聖的載體，安全地承載著不能被承載的。那超越的在奇妙地熟悉的東西中被揭示出來，那些東西包括餅、酒、火、灰、泥土、水、油、眼淚、種籽、歌曲、筵宴和禁食、痛苦和喜樂……它的行動來自我們裏面最人性的方面，多於來自神學。在它那富創意的功能中，教會直接向內心說話，這個內心聆聽象徵，而不是理性的詞彙。[27]

獻祭

傳統主義者的信仰除了禮儀和使用象徵外的第三個元素是獻祭。獻祭是基督教的核心。主賜下至高的祭物，那些想與自己的主認同的人必須明白這點。獻祭使我們對神的尊崇那理想化，而且往往是浪漫的表達植根於現實。崇拜必定不能化約為只是情感的表達，因為基督教呼召我們作出意志上的委身。

那麼多傳統主義者歡慶大齋期，當中也有獻祭這個觀念在核心。可惜我們這種文化慶祝狂歡節(Mardi Gras；編按：即大齋期開始的前一天)，但卻很少延續到大齋期！「自由派」基督徒可能會問：「為甚麼守大齋期？」神不用我們放棄甚麼；祂當然不「需要」我的肉，但有時我需要學習不讓自己得到一些東西，藉以真正欣賞真正重要的東西。

有一年，我決定在大齋期不吃雪糕。由於我自小在浸信會長大，我從沒有想過守這節期，但我的家人決定嘗試一次。在那段期間，我正在旅程中，於一間雜貨店停下來買點東西吃。可惜那雜貨店在偏遠的地方，那裏的貨品好像從巴西運來似的

——而且還是三星期前運來。那裏沒有真正的麵包，沒有甚麼可口得足以帶回酒店的房間。

最後，我向「幽暗的一面」屈服。我想：「我會買一小盒雪糕。」但正當我的手接觸到那冷藏櫃時，我記起自己的委身——於是將雪糕放回原位。突然間，我清楚地記起復活節的節期；基督為我們做的事進入了我的意識，我在復活節的「哀悼和歡慶」都加深了。

總括來説，我認為放棄雪糕，換取對復活節節期有更深的體驗是非常好的交易。禁食就是關於這樣的事，不是嗎？這不會讓我們在神面前得到任何額外的好處或喜悦，但神可以利用它來磨煉我們那諸多需索的心。

當然，我們不能真的給神甚麼東西——一切都屬於祂，包括我們藉以獻祭的力量——但實行獻祭這個觀念提醒我們，我們是神的僕人，而神不是我們的僕人。

舊約有三種祭：贖罪祭、贖愆祭和燔祭。(所有犧牲都是祭，但不是所有祭都是犧牲。)[28]有些祭容許獻祭者使用獻上的東西(歌手可以將她的歌聲獻給主)，但有些則會完全消耗(酗酒的人可能決定永不再嘗酒精)。我們的祭可能包括永遠放棄一些東西，或者將一些東西獻給主使用。付出金錢應該被視為犧牲，我們將它獻給主，自己不能用在另一個用途上。

犧牲是聖潔生命的核心。有時我們會蒙召放棄一些我們珍惜的東西，那些東西在過去不合法地滋養我們——一段不恰當的關係，一份提供金錢保障的工作，一種活動，吃得太多，賭博，吸煙。

先知對獻祭的譴責，令很多基督徒害怕得不敢以此作為對神表達愛的方式，但先知的譴責是針對將那禮儀降格，而不是針對這個觀念本身。[29]在整本舊約中，神都認可獻祭這個觀念，耶穌在新約也參與獻祭的系統，最終自己更成了祭物。當然，基督的犧牲令以動物為祭牲變得無效，但那原則仍然有效：保羅勸勉羅馬的信徒將自己當活祭獻上。[30]我們得承認，根據上下文，保羅是敦促我們獻上我們的屬靈恩賜服事基督的身體：只是「放棄」一些東西，實際上可能是輕視而不是實行保羅的勸勉。不過，重點是明白犧牲在基督徒生命中的本質，以及犧牲怎樣是健康的基督徒的一部分。

傳統主義者提醒我們，我們已經將我們的信仰徹底改變了。今天「信仰」往往被視為工具，用來**從**神那裏得到一些特別的東西。從歷史來看，有信仰的男女是願意將一些寶貴的東西**給**神的人。傳統主義者將犧牲的觀念整合進自己的日常生命中時，便示範和保存了基督教的一個重要部分。

過傳統主義者的生活

那麼，你可以怎樣好像傳統主義者那樣愛神？藉著將這種氣質的三個元素整合進自己的日常生活中：大量使用象徵；發展有意義的禮儀；在一些方面作出犧牲。

我鼓勵你以採納其中一個類別開始，例如是象徵；然後慢慢在生活中運用它們。你可能甚至想進一步閱讀一些關於基督教象徵的書籍，藉以取得多一點背景資料。象徵被整合進你的崇拜後，便可以考慮加入另一個類別。或許你可以每年加入一個禮儀，以某一種方式開始聖誕節的早上，有一個特別的主日禱告，一種新的讀經方式等。

在基督裏的生命的榮耀是我們開始一個會持續到永遠的生命。我們肯定毋須匆忙！意義比成就更重要；象徵必須是實質的僕人，而不是主人。慢慢地進行，逐漸將宗教元素帶進自己的生命中。

傳統主義者的試探

事奉神而不認識神

我們有可能在宗教上事奉神一段頗長時間，但卻沒有真正認識祂。撒母耳便是有這種危險的一個典型例子。撒母耳記上三章1節告訴我們：「童子撒母耳在以利面前事奉耶和華」，但7節卻說：「那時撒母耳還未認識耶和華，也未得耶和華的默示。」撒母耳緊密地參與以色列人的宗教儀式，但個人卻不認識以色列的神。

世上有很多不認識神的宗教和宗教人士。宗教可以為信仰服務，但卻不能代替信仰，而且永遠也不能取代信仰。內心、頭腦和意志上有意義的表達，如果沒有加上深刻和持久的信心，只會變得毫無生命。

忽略社會責任

好像擁有另外幾種屬靈氣質的人一樣，傳統主義者也可能過分沉醉於自己的信仰中，以致忘記了信仰的社會責任。培養聖潔是不足夠的，我們也必須與外界接觸，服事別人。

要謹記神對以色列人發出的警告：「我厭惡你們的節期，也不喜悅你們的嚴肅會。你們雖然向我獻燔祭和素祭，我卻不悅納，也不顧你們用肥畜獻的平安祭；要使你們歌唱的聲音遠離我，因為我不聽你們彈琴的響聲。惟願公平如大水滾滾，使公義如江河滔滔。」[31]

以宗教取代信仰的社會責任一定是以色列人一直面對的

試探，因為耶利米也警告他們，單有宗教並不足夠。「你們不要倚靠虛謊的話，說：『這些是耶和華的殿，是耶和華的殿，是耶和華的殿！』你們若實在改正行動作為，在人和鄰舍中間誠然施行公平，不欺壓寄居的和孤兒寡婦，在這地方不流無辜人的血，也不隨從別神陷害自己，我就使你們在這地方仍然居住」。[32]

耶穌也警告人們不要徒有宗教的外表，卻沒有任何內涵。基督說沒有實質的宗教只是虛偽；只會令我們成為「粉飾的墳墓，外面好看，裏面卻裝滿了死人的骨頭和一切的污穢」。[33]

論斷別人

傳統主義者必須記得神聖的是神而不是宗教。彼得需要有正午的異象才能夠放棄宗教上對食物的禁令，而這些禁令妨礙了他與外邦人接觸。[34]保羅事奉外邦人這個終生的呼召令他特別小心，避免將宗教禮儀抬高到用來衡量真正的信心。他在羅馬書十四章和歌羅西書二章16至17節清楚表明，宗教儀式是用來培育自己，不是用來論斷別人：「所以，不拘在飲食上，或節期、月朔、安息日都不可讓人論斷你們。這些原是後事的影兒；那形體卻是基督。」[35]保羅警告提摩太提防某些人，他們以宗教的名義禁止基督徒參與由神創造、讓他們享受和歡樂的活動。[36]

傳統主義者應該自由地參與這些建立他們信仰的禮儀和儀式，不過雖然這對他們有益，但並不表示這是其他人都必須參與的。在我成長的家鄉附近，一位保守的浸信會牧師令一些會友感到「震驚」，因為他享受在主日下午做園藝。這位牧師整個星期都在研究聖經，而他發覺園藝不是工作，因為那是在他為晚堂崇拜作準備時的輕鬆時間，雖然他這樣做和一些會友對安息日的想法不符。

宗教可以有力地促進個人的信仰，但如果用它來批評、衡量別人或帶來分歧，它也可以破壞羣體的信心。

機械式地重複

如果充滿了有活力的信心，重複禮儀可以帶來很大的好處。不過，如果沒有專注的留意，禮儀卻可以變成空洞的練習，以不真誠淹沒我們的心靈。禮儀——尤其是個人性的——是可以改變的。如果有些東西對你來説已經失去生命，便可以採納其他東西。（當然，我指的是個人而不是集體崇拜。）

將禮儀神聖化

那位新牧師認為他以祝福結束崇拜，所以將他的內心傾注在其中。但當他睜開眼睛時，卻發覺會友在握手，司琴則走到鋼琴那裏。其中一位執事示意牧師走下來，牧師照做，會眾開始唱：「願主祝福將我們連結在一起的聯繫。」只要會友記起，教會在每次聖餐後都唱這首歌。無論有沒有新牧師的合作，那首歌都會存在。

在這件事件中，這種情況可以是神學院課堂一件幽默的軼聞，沒有任何真正的傷害；但在其他情況下，這種態度卻可以是致命的。人們有一種傾向：因為他們一直做著某些事情，便將那些事情神聖化，即使他們不明白為甚麼那樣做。

沒有象徵或禮儀本身是有絕對價值的。[37]象徵代表隱藏的現實；它是用來引出那奧祕的。如果原本的意義已經失去，那象徵的價值不會比失效的贈券為高。

你是否傳統主義者？

你是否傳統主義者？為以下的話評分，由一至五分。五是最能夠形容你的，一是最不適合用來形容你的。將分數記錄在空位上。

______1. 我參加以我熟悉的形式進行的崇拜，並可以追溯到童年的記憶時，感到與神最親近。禮儀和傳統比其他一切都更感動我。

______2. 教會內的個人主義是真實的危險。基督教是羣體的信仰，我們大部分的崇拜都應該有集體形式的表達。

______3. **傳統**和**歷史**這兩個詞語十分吸引我。

______4. 參加正式的禮儀或以禱告書為基礎的崇拜，發展一些我可以放在汽車、家裏或辦公室的象徵，以及為家人建立教會年曆都是我喜歡的活動。

______5.《個人崇拜中的象徵與禮儀》(*Symbolism and Liturgy in Personal Worship*)，這樣的書會吸引我。

______6. 我會十分享受建立個人的禱告規律(或禮儀)。

你的總分是：______

同樣，十五分或以上顯示你傾向有這種屬靈氣質。請花一點時間將這個分數記錄在二百一十九頁的第十一章上，建立你的綜合圖畫。

發現傳統主義

在大學時，我得到一些關於「自發的」基督教的教導，幾乎去到錯誤的程度。我認為你愈「聖潔」，便愈樂意「隨著聖靈行動」。預早寫下禱文（有一段時間我甚至認為講章也是這樣）的人很危險，他們處於「消滅聖靈感動」的邊緣。

因此，我最初接觸禮儀、固定的禱文和不同的宗教實踐時，對自己心靈的深刻回應感到驚訝。我幾乎想用「回家」來形容那經驗，但我以前從未到過那裏！

不過，我感到自己已經觸及我的根源。

而我的確是這樣。

基督教信仰是建基於歷史和羣體的信仰。禮儀、象徵、聖禮和獻祭遍及基督教的整個歷史。幾乎每一個象徵、禮儀或儀式都曾經妨礙信徒，或者朝錯誤的路走——無論是多麼輕微，也曾經變成因循的重複，失去它的力量。

但我發覺真正的問題不在象徵、禮儀或儀式方面，而是在於人心。年青時令我因為可以「得解放」而感欣慰的很多宗教儀式，我後來都發覺是帶來靈命成長的潛在途徑。我沒有感到得解放，而是覺得自己受騙，好像被教導過基督徒生活，但卻沒有得到十分有幫助的東西輔助。我感到它們的力量陪伴著我，它們的真理培育我，它們的實踐給我力量。

或許你也可以這樣。

第5章

隱修者：
在獨處和簡樸中愛神

施洗約翰穿著獸皮，在競技場昂首闊步，高聲向法利賽人發出挑戰。他的頭髮打了結，他的肌肉緊張地繃緊。他捧起一堆塵土撒向空中，他呼喊時那塵土落在他身上，他頸上的血管好像救火喉一樣充滿壓力。他正在譴責希律，要求他悔改。

約翰的聲音有兩種強度——高聲和更高聲。他好像籠中的動物一樣走來走去時，他那沉重、吃力的呼吸有點像喘氣，他吐出譴責時口沫橫飛。

這是對施洗約翰的準確描述嗎？我不大相信。首先，他不可能以那樣的姿態和音量宣講超過三十分鐘，更不要說一天復一天，每天宣講多個小時。而且，雖然施洗約翰似乎許下了拿細耳人的誓，戒除酒精，避免接觸屍體，沒有剪頭髮等，但這並不表示他選擇過近乎瘋子一樣的生活。

不過，這套受難劇這樣描述施洗約翰並沒有使我感到驚訝。我們的文化很難明白隱修的氣質。我們可能欣賞這種人，但卻往往懷疑他們是宗教狂熱；我們認為這種狂熱是精神病的表親。

隱修的氣質傾向獨處、禁欲、簡樸和深刻的委身。我們可以說這是「修道的」氣質，代表不怕操練、嚴厲和獨處的信徒——事實上，這些信徒發覺，這些元素喚醒他們的靈魂，讓他們感受到神的同在。

諷刺的是，在孤獨和隔離幾乎變得很普遍的文化中，我們卻對獨處那麼陌生。其中一個原因是我們失落了禁欲的藝術，而這藝術為我們的獨處帶來意義和實質。**禁欲** (austere) 這個詞有好些含義：它可以指道德上的嚴謹、清醒或嚴肅、樸素或簡單。在這裏所有這些意義都是適切的，它們也指出為甚麼隱修者對我們來說是那麼令人困惑的人物。

我們大部分的獨處都是被迫而不是自己選擇的，製造的是孤獨而不是與天父在靈性上的親密，我們的文化在道德上也絕不嚴謹。我們傾向陳腐和瑣碎，而不是清醒和嚴肅；我們為裝飾和複雜，而不是簡樸感到自豪，這往往是因為很多人都極力要隱藏自己的真我。隱修者或許比任何其他屬靈氣質的人都更必須對抗自己的文化，才能夠實踐對神的愛。

聖經和隱修者

成長期間，我一直對拿細耳人感到著迷。我認為**那就是聖潔的意思。放棄你擁有的一切，而且看起來真的很古怪。**

我當然弄錯了。拿細耳人只是起了誓，在一段時間內戒除酒精，不剪頭髮 (我喜歡這部分，但我爸爸並不同意！)，並避免接觸屍體。在這段立誓的時間，拿細耳人表現出聖潔的圖畫——真的為了特別的目的而「分別出來」。由於拿細耳人的誓言只維持一段特定的時間，他們稍後可以離開獨處狀態，實行信仰要求的社會責任。[1]

我們想到獨處和隱修者，便會立即想到施洗約翰，但耶穌也有這些傾向。在開始公開事奉前，耶穌花了四十天獨處和禁食。祂教導說禱告必須私底下進行，並假設門徒最終會禁食。祂在事奉的困難時刻——例如在聽到施洗約翰的死訊和被羣眾追隨時——回到獨處。[2]

馬可和馬太都告訴我們，基督經常尋求獨處。「次日早晨，天未亮的時候，耶穌起來，到曠野地方去，在那裏禱告。」[3]馬可選擇的詞在這裏翻譯為「曠野」(編按：英文聖經作 "solitary place")，這個詞也可以指「荒廢的」，表示那環境的荒蕪。不過，在黑暗中，即使是長滿樹木的地方也顯得荒涼。因此，耶穌在面對最大的考驗前在客西馬尼園的黑暗中尋找安慰，安靜地跪下來獨個兒禱告，也就不足為怪了。[4]

正是在這些黑暗、強烈和孤獨的時候，隱修者的心靈得以甦醒。我認為任何在事奉中受過壓力的人都知道，真正的戰場是在客西馬尼園，而不是在加略山。可以肯定的是，只有在加略山是為我們的罪付上贖價，因此它是完全必要的。但客西馬尼園才是真正的屬靈戰場，耶穌在那裏作出順服這個最終的決定。在痛苦、勇敢的捨己行動中，耶穌證明了祂信心的持久力。

我在大學校園參與街頭佈道期間，在真正開口說話前的禱告經歷了折磨靈魂和撕裂內心的掙扎。有一次，我與自己的恐懼和疑惑搏鬥，順服的行動幾乎成了反高潮。即使在較後期的生活中，由於我曾經與神的旨意搏鬥，順服的行動總顯得沒有之前作出順服的決定時那麼困難。有一次，有人問我：「你不知道神在這裏是怎樣帶領嗎？」

我說：「我知道。而問題就在這裏。我正等待自己樂意追上神。」

正因為這樣，我十分認同基督，在客西馬尼園，祂獨自在痛苦中禱告。那是基督教的最終圖畫，神使我們的意志與祂的意志配合時，我們在靈性中掙扎的圖畫。那是激起隱修這種屬靈氣質的圖畫。

舊約給我們幾幅隱修者的素描，不單是拿細耳人，也包括呼召敬虔的人哀歎。詩篇有寶貴的段落給那些喜歡慶祝的熱誠者，但耶利米哀歌、但以理書和約珥書都有很多豐富的段落給那些知道自己蒙召哀歎的隱修者。

但以理向神提出請求時，禁食、披麻蒙灰地坐下，熱誠地禱告。[5]約珥促請屬靈領袖披麻、痛哭、哀號、禁食和花時間在晚上警醒禱告，向神呼喊。神自己也促請以色列人以禁食、哭泣和悲哀歸向祂。[6]

當然，在每個基督徒的崇拜中，都有嚴肅和獨處的時間和地方。不過，對那些有這種屬靈氣質的人來說，這兩種質素可能是他們最珍惜的崇拜方式。

隱修者的三個世界

為了更準確地界定這種氣質，我們可以將它分為三個世界：獨處、簡樸和嚴謹。

獨處

多年以來，獨處都是我其中一位最好的朋友。獨處有一種可以培育我的安靜和深度，而其他屬靈活動——例如講道——卻耗盡我。即使是在人羣或聚會中，我有時也會嘗試偷偷花一點時間獨處。有些人可能認為我這樣做是對自己過分嚴厲，他們可能是對的。我只知道在那些獨處的時刻中，顏色重拾光彩，真理重現清晰，現實也除去迷霧。如果沒有一些獨自一人的時間，我會感到自己好像失去了支柱。

潘靈頓(M. Basil Pennington)說：「如果要提出真正修士的一個特徵，那就是：他是離羣的人，從某方面來說是單獨一人的。」[7]現代的「修士」明白，即使他們已經結了婚，或者在教會有繁忙的事奉，要進深與神的同行，也必須花時間獨自一人。

對年青的母親或父親，或者在家裏居住的子女來說，完全離開可能是不可能的；不過重要的是「那份離開的感覺」。[8]家庭可以設立一間禱告室；或許你的教會可以將聖所的鎖匙交給你。離開這個行動已經可以作為崇拜的呼召或前奏。

獨處是必須的，因為隱修者基本上是過著內在的生活。四世紀的隱修者耶柔米(Jerome)寫道：「對我來說，城市是監獄，獨處是天堂。」[9]我很認同耶柔米的認信，但我也明白當中有一個試探。如果我們用獨處來令自己恢復精力，它是一種工具；不過，如果我們忽略「城市」，便不能接觸那些最需要我們的信息的人。

明智的隱修者會正確地回應說，個人的禱告是流向教會的海洋的河流。恩德曉是二十世紀初英國關於屬靈生命的著名作家和講員。她寫道：「每個基督徒的禱告生命……無論形式是多麼深深地隱藏或明顯地獨處，都會影響整個教會的生命。藉著進入崇拜的領域這個事實，禱告的行動便加入到讚美和感恩的完全獻祭中，而不可見的教會的生命就包含在其中。」[10]

從歷史來說，強調獨自生活，是早期隱修生活的特點；這種強調漸漸被學習在社會裏過分離的生活所取代。獨處發展成包括一個師傅和門徒的二人隱修，然後演變成小組，接著是更大的羣體。「向別人死是獨處隱修者的其中一個基本要求，這漸漸變成更多是內在的傾向，和與別人接近是可以共存的。」[11] 耶柔米特別強調「內在的隱修」。耶柔米認為，守童貞、離開城市和貧窮是隱修的開始而不是結束。[12] 較後期的一位隱修者將這內在的脫離再推進一步，他說：「讓她在繁忙的城市找到修士的曠野。」[13]

這就是現代隱修士的生命線。我們毋須找曠野來表達我們的信仰；內在的脫離容許我們在最繁忙的城市找到最孤寂的曠野。多年以來我都在別人回到辦公室前數小時已經回到那裏，這樣對我很有幫助，因為那寧靜和獨處是我的信仰必不可少的。清晨是一天中我最喜歡的時間。當教會聘請了另一個早起的人時，我需要一些時間適應。朋友和家人需要學習，隱修者需要一些時間單獨一人，或許更是每一天都需要這樣。

簡樸

我們有一位朋友，她是個年青的女士，有兩個年幼的孩子。她有很多隱修者的特質。她和神最親密的時刻是在孩子上牀休息後，所有燈都關掉，一切都很寧靜的時候。如果孩子不能安靜，她會走到浴室，扭開水龍頭掩蓋其他噪音，然後在那裏向神禱告。

約翰．衞斯理和查理．衞斯理 (Charles Wesley) 的母親蘇珊娜．衞斯理 (Susanna Wesley) 照顧一個大家庭。她好像剛才提到的母親一樣，渴望有簡樸和獨處的地方與神相遇。她怎樣解決？她經常將圍裙拉到頭上，然後禱告。她的孩子學懂在那時不騷擾她。感官主義的基督徒透過感官被神吸引，但隱修的基督徒往往因為感官而分心，所以嘗試將感官排除。修士往往選擇只有低度感官影響的環境，讓自己的禱告和禁食不會被打擾。[14]亞西西的法蘭西斯陶醉在郊外的美麗中，很多沙漠教父則去到荒涼的荒地。正是在這方面，隱修者可能和自然主義者不同。

嚴謹

十年前，我頗為沮喪地發現，人們對中學畢業後十年的重聚所說的話是真的。女性看起來確實更漂亮，男性則傾向體重增加和頭髮脱落，而人們仍然嘗試給別人留下深刻的印象。不過，我沒有預期會有一個傳聞在周圍流傳。

那個傳聞是：「你有沒有聽到關於加里的消息？他變賣一切，加入了一個宗教團體，變成宗教狂熱分子。」

有一個人問我：「是真的嗎？」

我笑著説：「只是感覺上是這樣。事實是，我進了神學院，搬到一間月租二百元的房子，從事校園事工，收入和你預期校園事工會支付的薪金差不多。」

我太太聽到人們所説的話，感到頗為意外，但我卻覺得有趣。百分之九十九的溝通都在於那解釋。一個人開始將收入的一部分奉獻給教會和教會的工作，一星期花兩三段時間參加教會聚會，在街上向別人談論他的神，並定期閱讀關於神的書籍；對世界來説，他可能是「宗教狂熱分子」。不過，如果同一個人開始付款買一隻鑽石戒指，將週末的時間用來約會，告訴所有同事有一個可愛的女士進入他的生命中，並一再閱讀情信，世界只會説他「在談戀愛」。

如果我要寫一本關於隱修者的書，我會想將書名定為《神聖的戀愛》(*The Divine Romance*)。我們通常不會將隱修主義和嚴謹想為愛的同盟，但它們確實是這樣。隱修者「嚴謹」，只是因為他們想將生命的主要部分留給他們對神的熱切追求。

或許人們最不明白的是隱修者嚴謹這一面，不單是我們的文化不明白，其他基督徒也是這樣。特別是福音派信徒，他們支持透過信心藉著恩典得救，嚴謹的信仰可能顯得危險，近乎律法主義；而有時的確可能是這樣。不過，對健康的隱修者來說，嚴謹是一種他們很珍惜、表達他們對神的愛的方法。

在一本關於亞西西的法蘭西斯的生平的著作中，對那些問「怎樣殘忍的神才會要求獻祭和捨己？」的人，切斯特頓將問題放在另一個背景來回答。他問道，怎樣自私的女人才會要求得到鮮花，或者貪婪得要求戴金戒指在手指上？切斯特頓寫道：「那是因為這事不是因人們要求而做的。」切斯特頓提醒我們隱修生活那浪漫的一面。[15]

切斯特頓說，認為隱修者是陰沉、抑鬱的人這個流行觀念是錯誤的。「關於亞西西的聖法蘭西斯的整個重點是，他肯定是隱修者，而且他肯定並不陰沉。他吞下禁食，就好像人們吞下食物一樣。他追求貧窮，就好像人們瘋狂掘金一樣。而正是他性格的這部分，那正面和熱誠的質素，是對現代思想追求享樂這個問題的一個挑戰。」[16]

真正的基督徒隱修主義並不尋求以受苦或捨己為目的，而是以它們作為手段，作為愛「另一些東西，以致可以更愛神」[17]的方法。

因此，隱修生活在歷史上與神祕神學(mystical theology)緊密相連，也被稱為默觀的生命。我討論屬靈氣質時將兩者加以區分。在現代的流行世界，我認為它們已經分開了，但在歷史上，兩者卻一起出現。隱修者過著嚴謹的捨己生活，讓自己可以自由地默觀神。沒有捨己，肉體的罪便會興起，令基督徒不可能專注於與神團契。

隱修者的嚴謹給他們的教導額外的權威。隱修者強調行動先於言語。努力培養內在生命，比得到學位、寫書，或者成為有技巧的講員重要得多。當一個隱修者的門徒向師傅承認，自己暗地裏渴望「在言詞中得到一些品味和技巧，以致可以更迅速地回答提問我的人」時，師傅回答說：「不需要那樣：說話的恩賜，以及實際上是靜默的恩賜，都可以透過頭腦和內心的潔淨自行得到。」[18]

出乎意料的是，這種對自己的嚴謹，是以對別人溫柔為特點的。你從關於歷代偉大隱修者的記載中可以看到這點。據說四世紀後期的隱修士圖爾的聖馬丁（Martin of Tours）既不論斷別人，也不譴責別人。奧古斯丁在《上帝之城》（*The City of God*）中寫道：「人對同伴所作的論斷怎樣呢？我們對這些人有甚麼感受呢？我們發覺他們是多麼可憐，多麼可悲！」[19]安波羅修（Ambrose）也是修道運動的著名人物。據說他在需要判斷另一個基督徒時哭泣，「給跟隨他的聖職人員一個很好的榜樣，讓他們明白應該為別人向神代求，而不是指控別人」。[20]

法利賽人的律法主義令他們訂下高得不可能達到的標準，迫使其他人遵從，而法利賽人則享受其他的奢侈。真正的隱修者則對自己嚴謹，但對別人卻超乎尋常地溫柔。

隱修者的行動

隱修者透過不同的奉獻行動活在獨處、簡樸和嚴謹這三個世界中。以下的討論並不是詳盡的，但應該可以證明取得隱修氣質，對開始與神建立有成效和增長的關係會有幫助。

在夜間警醒

那是明淨的晚上；我手裏抱著最近很容易發怒的女兒，溫柔地輕輕搖動她，一起看著寧靜的鄰舍。在深夜中，甚至在深夜收看萊特曼 (David Letterman) 主持的電視節目的人羣也就寢了，四周一片寧靜，有一種期待，一種等候的感覺，等候黎明驅走黑暗。女兒睡著後很久，我仍然希望保持清醒。

隱修者享受在晚間實踐這種安靜的崇拜。我們很多人都沒有這種經驗，除了患病的孩子迫使我們在深夜 (或清早) 起來，但有些基督徒發覺半夜是禱告和崇拜的最好時間。

不過，隱修者不是到深夜仍不睡覺，而是嘗試比平常人更早起牀，或許是一星期一天。如果我們在週末這樣做，便可以在稍後補償不足的睡眠。二十世紀的修士潘靈頓寫道：「欠缺睡眠並不是重要的事情，雖然對某些人來說，這可以是實踐隱修的重要面向。」[21] 正如青少年可能會根據對一個約會或運動節目的預期而安排自己的一天，身為基督徒，我們在預期花時間與神單獨一起時，也可以重新安排我們的一天。

潘靈頓繼續說，比睡眠不足更重要的是在別人不警醒時警醒。當別人睡覺時，隱修者將自己的靈魂提升到神那裏；所有造物都在等候太陽出來時，隱修者則歡迎聖子來臨。

潘靈頓告訴我們，這警醒的靈可以帶到沐浴和穿衣的行動中，並在整天中都與我們一起。或許家人可以同意每星期一次，或者每月一次，在吃早餐前不開收音機和不看電視，也不進行不必要的閒談；而是有聖潔的靜默，有邀請神與我們同在的期望。

潘靈頓表示，沒有實際行動，我們很難明白這種警醒有甚麼價值。他寫道：「警醒的價值和功效，只有透過經驗才能知道。」[22]隱修者肯定會考慮將晚間的警醒加入他們崇拜的常規中。

我特別鼓勵那些患有失眠的人將沮喪的晚上轉化為禱告和崇拜的更大可能。很多失眠個案都和壓力有直接關係，親密的禱告和與天父一起警醒有助紓緩這種壓力。

安靜

一位朋友打電話給我，表示他會到我的城市，問我有沒有興趣和他一起吃晚餐。我總是樂意與他吃晚餐，因為他很健談。我立即答應，我們到華盛頓唐人街的中心地帶的一間餐廳。大家告訴對方自己的近況。我的朋友開始告訴我他的一次退修，在開始的二十四小時，他們都不准說話。

我不能想像這位朋友參加這樣的退修。我說：「你一定是在開玩笑。那是怎樣的？」

他承認說：「最初我感到很討厭。我想自己會發瘋，那會是我一生中最長的週末。但你知嗎？第二晚他們說我們可以交談一兩小時，但到了那時，我卻不想說話。我是那麼享受那安靜，以致說話好像是沉重的擔了。我真的享受那安靜。」

有些修道團體以立誓保持安靜著稱，他們同意永不再說話，或者長時間不說話。雖然對很多平信徒來說，這是不實際的，但我們可以藉著較短時間的靜默，明白這樣做的好處。我們那些沒有需要的閒談往往消耗我們的精力，分散我們的思想，以致令我們不能夠以神為焦點。嘗試安靜幾小時，便會顯示我們有多分心。好像我的朋友那樣，最初我們可能會討厭安靜。但如果我們花點時間嘗試，大部分人都不單會對安靜感到自在，還會喜歡這樣。

禁食

人們往往視本篤修道院為「有節制」，因為他們幾乎持續禁食(除了復活節期間，在那時禁食是不恰當的)，一天只吃份量比較少的一餐。和靜默一樣，禁食讓我們看到短暫的事物佔據了我們多麼多時間和思想。禁食可以涉及的事情遠比食物為多。我們可以禁戒電視機、收音機、電影或某些食物，甜品、肉類等等。

隱修者樂意放棄「這個世界的喜悅和安慰」[23]，讓自己可以享受在神裏面找到的喜悅和安慰。租一套錄影帶來消磨週末，或者在上班途中扭開收音機，都可以變為習慣。為了確保這些事物沒有控制我們，我們可能需要放棄它們一段短時間。我喜歡問自己的問題是：「我是否倚靠這事物得到屬靈培育？」如果答案是「是」的話，我便需要退後，否則便要冒著培養一種倚賴的危險。

順服

我一位大學的好朋友由貝林厄姆(Bellingham)駕車到西雅圖南部時，真的一直都不超過時速五十五里的限制，以這個速度行駛，那段旅程需時兩到三小時。有一次，我們一起跑步經過市中心，我突然發覺自己獨自一人。我回頭看時，發覺他正在等交通燈轉燈號。那裏沒有汽車，但如果告示說：「等候」，我的朋友便會停下來等候。

我與他已經失去聯絡，不知道他有沒有經驗過以時速六十二里沿著高速公路飛馳的刺激。當然，嚴格服從可以變成律法主義；但另一方面，我懷疑有些人已經走向另一個極端。

順服是修道生活的一個重要部分，因為它攻擊我們人類的驕傲，邀請我們謙卑地生活。平信徒不大可能有修道院那種徒弟嚴格地順從師傅的關係，但我們仍然可以藉著順從政府當局和僱主，兒童也可以藉著順從父母，學習順服的祝福。

過去幾年我都擔任主管，也和其他管理人員談論過今天人們怎樣隨便地越過那些權威的可接受界線。一個主管告訴我，一個工人從外面一間介紹所來當臨時員工，想轉為全時間的永久僱員，但卻破壞了自己的機會，因為他告訴經理，自己不喜歡經理處理一個決定的方式，希望經理提出自己作那個決定的理據。

那個經理說：「我幾乎笑出來，但總算可以忍住不說出我想說的話：『你以為誰會理會你的意見？你只是臨時員工！』」

有些人可能覺得這樣很苛刻，但背後卻有一個真理。要我們所有人「順從」，接受別人的領導可能是困難的。

領袖、老闆和牧師往往在事後被那些經驗少得多，資料少得多，視野也狹窄得多的人批評。

我知道這可能顯得激進，但我們生活在一個非常自大的社會，某程度上我們被每個人的意見都同樣有效這個錯誤觀念培育。這個錯誤觀念帶來相對主義。我們活在民意調查的世代，受到鼓勵培養和公佈無知的意見。但有些事情，我的意見只是毫無根據的猜測。如果別人有更好的基礎來形成自己的見解，而我卻認真地質疑那人，那只表示我狂妄自大。

我們需要在不致變成律法主義的情況下，明白在任何層面的反叛都可能變成習慣。如果有人傷害舊上司，他們很可能會以同樣方式對待新上司。尊重別人是關乎品格，要求我們謙卑。在一個不完美的人手下工作，順從這樣的人，需要十分謙卑。但聖經正是號召我們這樣做。如果我們對順從地上的合法權威漫不經心，我們對接受神的權威也很可能會十分鬆懈。正因為這樣，我們可以透過重新發現修道者對順服的強調，學到很多東西。

有一點很重要，是我們需要謹記的。隱修者實行順服，因為這樣能夠榮耀神，而不單是因為領袖值得順服。不過，如果政府、父母或僱主要我們違背神的旨意，第一個順服的呼召總是順從神的旨意。

工作

發覺耶穌一生中有百分之九十的時間都是一個普通的工人，他只花了很少時間在可見的公開事奉上，實在令人驚訝。除非我們想指控耶穌管理時間不善，否則我們便必須重新評估我們對世俗和神聖工作所作的區分。努力工作是神接受的；以正確的精神工作，可以是我們對神的崇拜的一部分。本篤促請他的修士視修道院的工具為祭壇上的用具。「修士在勞苦時是實行聖禮——創造的聖禮」。[24]

如果我們明白，工作的體力和能力是神給我們的恩賜，幫助我們滿足自己和家人的需要，運用精力和技巧便變成創造和支持我們的神給我們的肯定。水喉匠在洗手盆下修理水喉，建築工人駕駛挖土機，飛機師駕駛飛機，都可以是透過工作崇拜神。對隱修者來說，工作愈艱難便愈好。

退修

有限的退修可能是隱修者信仰的支柱。雖然現代的隱修者可能並非過著完全獨處的生活，但他們仍然需要安排時間離開幾小時、一天或一星期。離開了社會，隱修者便可以專注於更接近神。

我和太太未有孩子前，我計劃過幾次過夜的退修。在很多地方，你都可以在幾小時車程內找到一些修道院。孩子出世後，我們不大可能長時間離開。而且我的工作也要求我經常外遊，所以我最不想做的事情是花去另一個週末的時間。

但我發現了「下午退修」的價值。我居住在弗吉尼亞州時，會走到華盛頓的國家大教堂，或者花幾小時在馬納撒斯的戰場遠足。我現在不能好像自己希望那樣經常這樣做，甚至不能好像我認為自己需要那樣經常這樣做，但我們的生命帶領我們經過很多不同的季節，我們必須學會調整我們的靈性，甚至是我們的屬靈氣質，配合我們改變了的生命景況的不同要求。

過簡樸的生活

隱修者會創造簡樸的生活環境。他們有時甚至會特別預備一些房間用來禱告。衣著和生活方式的簡樸也可能是重要的因素。隱修者也會避免緊密的日程和放滿雕像的靈修房間。

如果你是隱修者，你會希望有一間樸素、牆壁塗上白色、只有簡單家具的禱告室。你很可能會喜歡安靜，所以需要找一個不會有噪音問題的地方。你可能會喜歡無聲的數字鐘，而不是有指針，在秒針每次移動時都發出聲響的鐘；或者根本不喜歡有鐘。（如果你不明白好像無聲的數字鐘這些似乎是微小細節的重要性，你便不是隱修者；如果你發出會心的微笑說：「當然囉」，你便可能是隱修者。）

有些基督徒很難明白，但單單走進這樣簡樸和安靜的房間這個行動，已經可以感動隱修者崇拜，正如裝飾華麗的大教堂和香的氣味可以感動感官主義的基督徒崇拜一樣。

忍受艱苦

嚴格的訓練必定是艱苦的。為了親近神和擁有神的品格，隱修者歡迎而不是抗拒艱苦。

一位托名亞他拿修的早期基督徒作者講述一個(可能是虛構的)故事，是關於一個名叫森格萊蒂加(Syncletica)的婦人的。這個故事激勵很多初期的基督徒忍受艱苦。這個婦人身體上有嚴重的痛楚，但卻相當成熟，是周圍的人的典範。有人就這件事向她提問，她教導說我們的心靈既幼稚又未經操練。我們患病時必須忍受的艱苦，實際上可以使我們變得堅強。「因為正如母親體內的胎兒，從減少了的食物和活力而得益，並因此得到更大的保障；義人同樣為了更重要的旅程而離開世界的道路。」

初期的隱修者採納好像在地上睡覺，令自己經受惡劣天氣這樣的操練。就好像參加奧運的賽跑選手在科羅拉多州的丹佛(Colorado, Denver)那海拔更高的地方進行訓練，隱修者也可能以比較艱苦的環境來訓練自己的靈性。

在我自己的生命中，我發覺在寒冷時要求溫暖，在炎熱時要求涼快，都反映了幼稚的靈性軟弱。我們希望被縱容。童年時，我在大西洋西北部的田間收割大黃。我記得一位拉丁美洲的農場工人向一羣由他督導的美國郊區少年抱怨說：「早上你們抱怨說葉子潮濕，令你們感到寒冷；下午你們抱怨說天氣炎熱，你們感到口渴。這樣你們怎能完成工作呢？」

遇到疾病、酷熱、寒冷、飢餓或疲倦來襲時——我們必定會遇到這些事情——我們要麼懷著苛索的靈，妨礙自己的屬靈成長，要麼接受這些事情，從中學習，在信仰中成熟。我們的態度會帶來很大的分別。

隱修者的試探

過分強調個人的敬虔

在撒迦利亞書，百姓問神他們應否好像多年以來一樣哭泣和禁食。耶和華透過撒迦利亞說：「你要宣告國內的眾民和祭司，說：『你們……禁食悲哀，豈是絲毫向我禁食嗎？』」神沒有呼召以色列人以外在行為表現他們的敬虔，而是呼召他們「『按至理判斷，各人以慈愛憐憫弟兄。不可欺壓寡婦、孤兒、寄居的，和貧窮人』」。[25]

渴望尋求獨處帶來一些問題，因為要完全表達基督教，需要有外在的焦點。要記得拿細耳人那有限的角色——那種誓言往往有確定的結束時間。耶穌花很長時間在獨處中禱告，但接著隨即公開事奉。祂也敦促門徒採用相同的模式——在退隱和休息後事奉。[26]施洗約翰過隱修生活，但也是為了相當公開的事奉作準備。

因此，我們對屬靈更新的需要必須與跟別人接觸這個責任取得平衡。

為了苦楚而尋求苦楚

受虐狂是病態而不是屬靈的道路。今天很多人都習慣被縱容；我們甚至拒絕微小的不適，要求即時得到紓解。不過，有些人因為對自己有扭曲的看法，或者因為心理有問題，而為了苦楚而尋求苦楚。這不是古代隱修者的教導，也不是現代隱修者的恰當表現。

健康的隱修者清楚表明，隱修只是達到某個目的的方法。如果隱修本身成了目的，便大大扭曲了經過時間考驗，而且十分寶貴的基督徒實踐。

尋求得到神喜愛

隱修操練那極大的信心可以令人試圖以此贏得神的喜愛。但嘗試藉著建立超乎尋常的聖潔以贏得神的贊同或赦免是徒勞的。我們是那麼深地陷於罪中——好像驕傲這種態度方面的罪，以及肉體上的貪欲——以致我們所有的義都像污穢的衣服。[27]

我們在耶穌基督完成的工作中憑著信心行走、生活和崇拜。隱修者需要謹記，禁食、在地上睡覺或者簡樸地生活都不能令神更愛我們。祂的愛是絕對的，而祂的赦免是建基於基督已經完成的工作，而不是建基於我們今天參與的屬靈經驗。

你是否隱修者？

你是否隱修者？為以下的話評分，由一至五分。五是最能夠形容你的，一是最不適合用來形容你的。將分數記錄在空位上。

______1. 我獨自一人，可以專注於神的同在，沒有任何事物使我分心時，感到與神最親近。

______2. 我會形容自己的信心是「內在」多於「外在」的。

______3. **靜默**、**獨處**和**操練**這些詞語很吸引我。

______4. 獨自在修道院退修，並在那裏過夜，讓自己可以花很多時間單獨在一個小房間中禱告和研

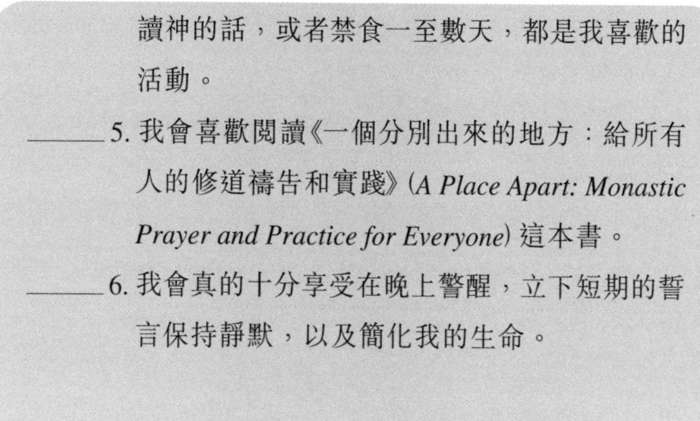
讀神的話，或者禁食一至數天，都是我喜歡的活動。

_____ 5. 我會喜歡閱讀《一個分別出來的地方：給所有人的修道禱告和實踐》(*A Place Apart: Monastic Prayer and Practice for Everyone*) 這本書。

_____ 6. 我會真的十分享受在晚上警醒，立下短期的誓言保持靜默，以及簡化我的生命。

你的總分是：_____

十五分或以上顯示你傾向有這種屬靈氣質。

請花一點時間將這個分數記錄在二百一十九頁的第十一章上，便可以有一幅綜合的圖畫，看到你心靈通向神的路徑是怎樣的。

一個邀請

隱修者有一個重要的教訓給教會和社會。尋求神包括某種與世界分離，即使那分離是單以內在的脫離來表達。「富有和知名人士的生活方式」以及名人雜誌提倡的美好和輕鬆的生活，往往引致心靈的貧乏(正如被迫貧窮往往令人有充滿怨恨的心靈一樣)。

隱修者見證一種更高的生命，一種屬靈的生命。這種生命是高尚和神聖的邀請，是向那些樂意走少人踏足的路的人發出的邀請。在樹林中散步，智力上的挑戰，熱情的歡慶，積極爭取公義——這一切都在某程度上感動我的靈。但我發覺如果我生命中完全沒有信仰的隱修元素，屬靈的自大便會偷偷闖入。

德國偉大的殉道者兼神學家潘霍華寫道，如果我們裏面沒有一點隱修者的元素，便很難跟隨基督。

隱修的操練令我們不會偏離正途，幫助我們繼續走下去，無論我們的主要氣質是甚麼。

第6章

行動主義者：
透過對抗愛神

在之前一小時，羅布 (Rob) 和我用了大半時間熱切地禱告。我以前從未感到與他那麼親近。我們曾經一起參加皮阿拉普市 (Puyallup) 的少年棒球聯賽。中學時，我們參加累人的越野賽跑——我還記得羅布有一個優勢，他永遠都不用在遇到生長得比較低的樹枝時彎下身躲避。對這種賽跑會帶來的痛苦的尊重甚至害怕，將男孩子連結起來，就好像戰爭將成年男子連結起來一樣。

但在大學時我們面對一個新挑戰。我們從沒有好像現在那樣緊張。羅布和我都望向外面的紅色廣場 (Red Square)，坐立不安。然後，我們都本能地彎下身重新綁好我們的鞋帶。我們相視而笑。重新綁好鞋帶是賽跑選手很自然的習慣，但也正好表示我們對自己將要做的事感到迷惘和緊張。

羅布笑著說：「我們不想在傳福音時鞋子脫落。」

大學生開始來到廣場，我們兩人走到水池，好像輕量級拳手走到擂台，而擂台上站著拳王阿里(Muhammad Ali)一樣。我們已經不是第一次佈道，但在戶外佈道並不容易，向年青的大學同學佈道尤其困難。

戶外佈道大概是我第一次接觸行動主義者那對抗性的世界。很多人仿效行動主義者，但也有同樣多的人鄙視他們。不過，從聖經的角度看，他們也不乏志趣相投的人。有這種氣質的基督徒與好像以利亞和摩西這些傑出人物一道，這兩人都是深刻和有勇氣的行動主義者。從他們和其他這樣的人，我們可以學到藉著伸張正義愛神的祝福和危險。

聖經關於行動主義者的教訓

在聖經中，行動主義者同時帶著榮耀和惡名闖進信仰的歷史。似乎很少信徒可以有時那麼正確，有時又錯得那麼厲害。我想到摩西、以利亞、哈巴谷和彼得時，想到他們以勇氣和領導能力挑戰我，但也透過他們的軟弱鼓勵我。讓我們看幾個這樣的人，感受一下行動主義這種精神吧。

摩西

摩西以行動主義者這個姿態(雖然是錯誤的！)開始他的事業。他在維護一個以色列同胞時殺死一個埃及人。[1]他的策略完全錯誤，但在未來的日子，他會需要這麼大的勇氣，後來也需要一點那樣的勇氣。我遇見的行動主義者，在回顧自己信仰的早期日子時，大都有點畏縮，正如摩西也一定有這表現。行動主義者產生的熱誠需要一些時間才能夠被成熟和先見之明調和及鍛煉。

在殺了埃及人後不久，行動主義者摩西救了一些年青女人，她們被不守規矩的牧羊人欺負。[2]每當我們看見年青的摩西，他都被捲入衝突之中。

因此，在他生命稍後的時間，神想他恢復事奉時，他需要克服因為恐懼而產生的猶疑，實在有點令人意外。摩西似乎提心吊膽，彷彿早年的經驗令他信心動搖，不想再次走前一步。不過，一旦他採取行動，便沒有甚麼能夠阻止他。他的榜樣給我很大的鼓勵，因為每個行動主義者都必須學懂，忠心的順從並非總能夠帶來即時的成功。

我想到摩西與法老的經典對抗事件。摩西不能預知有十災。他只知道神吩咐他告訴法老：「容我的百姓去！」而最初他服從神時，情況實際上變得更糟。法老給以色列人更重的擔子，一夜之間，摩西成了以色列人最憎恨的人。

神再次差遣摩西；同樣，除了一些用蛇來玩弄的花招外，甚麼也沒有發生。正是在這時，十災**開始**了。我想我們大部分人都會在第三或第四個災難時便放棄。我可以聽到自己說：「神啊，放過我吧！我已經照祢的吩咐做了五次。法老仍然沒有給以色列人自由，所以算了吧。我受夠了。祢派別人做吧。」

幸好摩西已經預備好。神最初差派摩西時，摩西回答說：「我是甚麼人，竟能……將以色列人從埃及領出來呢？」神的回應包含對這種自足的譴責。神只是說：「我必與你同在。」[3]換句話說，摩西，你是甚麼人並不重要，重要的是誰差遣你。

經過很大的堅持後，摩西終於看到以色列人得到自由。不過，不久他便有了「只有我才做得到」這種心態，雖然出於好意，但卻令自己筋疲力盡。[4]幸好摩西也願意接受教導，藉著聽從岳父的勸告，他沒有好像很多行動主義者那樣精疲力竭。不過他的態度仍然顯示了行動主義者那種危險的心態，「我和神對抗全世界」。有一次，摩西在絕望中問道：「我向這百姓怎樣行呢？」[5]基督徒行動主義者特別容易受到憤怒和疲累試探。

以利亞和以利沙

以利亞對抗以色列的統治者，可以和摩西對抗法老相比。以利亞在對抗亞哈和巴力的先知時顯出很大的勇氣，但他的行為也反映出他的驕傲。以利亞以為他是惟一存活的真先知，也是惟一顯出真熱誠的人。[6]不過，神向他保證，還有另外七千人仍然忠於信仰。

以利亞筋疲力盡和感到孤立時顯出了行動主義者的一些主要徵狀（負面的那種）。[7]行動主義這種氣質雖然傾向給很多基督徒屬靈餵養，但也很容易令他們筋疲力盡。

以利沙是以利亞的繼任人。他也是行動主義者，但在對抗最終會成為以色列王的哈薛時，他表現得很成熟。以利沙看見哈薛最終會帶來禍患，為此而哭泣，但卻沒有因此而一蹶不振。[8]大部分基督徒都需要學習，每當神呼召我們採取積極的姿態時，我們都必須將結果交給祂，否則我們便會令自己耗盡，由成功而不是由聖靈推動。我見過無數不能接受失敗的行動主義者。當他們的政治或社會運動失敗時，他們的信心也動搖。以利沙是這些人一個很好的學習對象，可以在某程度上讓他們不會好像哈巴谷那樣回應。

哈巴谷

哈巴谷是聖經給行動主義者一個很好的警告。我經常銘記這個警告。我聽過很多行動主義者的禱告是指摘神多於向祂祈求，彷彿行動主義者比神更關心公義。哈巴谷呼喊說：

「耶和華啊，我呼求你，你不應允，要到幾時呢？我因強暴哀求你，你還不拯救。⋯⋯公理也不顯明；惡人圍困義人，所以公理顯然顛倒。」[9]

神對這個指控的回應很有啟發性。祂說祂在背後工作。公義正在來臨，雖然哈巴谷看不到。行動主義者需要學習哈巴谷書的信息：憑信心生活。[10]生命的景況或環境可能引誘我們質疑神的全能和良善，但我們是以有限的眼光觀看。神並非無視不公義，祂也不是漠不關心。

行動主義者必須小心，不要將代求變成指控。因為世界充滿冷漠，甚至連教會也是這樣，行動主義者很容易感到孤立和孤獨。我們看見不公義，我們看見人們以邪惡冒充良善，我們心急如焚；但我們向四周觀看時，教會卻似乎在沉睡。這可以產生一種孤立，而如果我們不正確看這種孤立，它最終會擴展到包括神的「冷漠」。行動主義者認為，不單教會不會回應，甚至連神也沉默了！如果我們以為我們比神更關注公義，我們便陷入了自封為彌賽亞的謬誤中。「〔驕傲的人〕自高自大，心不正直；惟義人因信得生。」[11]

對抗與行動主義者

好些年前，我聽到一位本地的基督徒行動主義者流傳電影《回到未來》(*Back to the Future*) 裏有很多「不敬虔」的內容。他數過電影中所有粗俗的話，妄稱主名的地方，以及所有不雅的姿勢，並將這一切一一列出。我是一個全國性網絡的其中一個領袖，我也收到他的資料包。

我想，**這個傢伙真的應該多點體驗生活，竟然偏偏要攻擊這齣電影**。

後來我和他一起吃午飯。他再次提起那件事。當他對我說：「我見過幾個牧師，問他們有沒有看過《回到未來》」，我嘗試不流露任何感情。

「『當然有』，他們說：『我還帶了孩子去看。』

「『你有沒有中途離場？』

「『沒有，當然沒有。』

「『好吧，這個主日的崇拜可否給我一分鐘時間？』那男人問。

「『你要用來做甚麼？』牧師問他。

「『我想在那裏高聲讀出這一連串文字。那不會花超過一分鐘。』

「『我絕對不會讓你這樣做』，牧師說。」

那個男人定睛看著我，一臉嚴肅地說：「我告訴他們：『你竟然**敢**帶孩子去聽你不想成年會眾聽到的髒話。』」

那個行動主義者接著談及羅馬書十二章9節，那裏號召我們恨惡邪惡，擁抱良善。

「我們真的**恨惡**邪惡嗎？」他問：「還是我們只滿足於忍受邪惡？」

我沒有帶孩子去看那齣電影，但那次午飯後，我還是被他說服了。我感到自己內心愈來愈冷淡。大部分時間，我都可能在對抗邪惡，但我真的恨惡邪惡嗎？

可惜，事實並非總是這樣。

與那個行動主義者吃的那頓飯絕對不「愉快」。事實上，那頗令人疲累。但這個人曾經是將某些種類的色情物品從弗吉尼亞州北部的好些地方清除的主力，他在推動教會在囚犯中進行外展工作，以及更積極地反對墮胎方面也扮演重要的角色，我需要聆聽他說的話。

他告訴我很少人邀請他和太太吃晚餐。和他交談後，我明白背後的原因。如果他看見或聽見一些錯誤的事情，他會處理、對抗，並迫使你再看清楚。他是好像牛虻般惹人討厭的人。

我不會以這個人的方式做一切事情——我不能夠想像自己走遍不同教會，和牧師談論帶孩子去看《回到未來》——但創造小兔子和牛虻的同一位神也創造默觀者和行動主義者。這個人的力量來自正義地對抗別人。你可以從他的眼神中看出來。他不會逃避戰鬥。

不，我不希望教會所有人都好像他那樣，但我也絕對不想教會所有人都好像我那樣。

你明白嗎？行動主義者實際上是透過戰鬥得到屬靈的餵養，而這並非壞事。耶穌自己也說：「我的食物就是遵行差我來者的旨意，做成他的工。」[12] 無論你喜歡與否，耶穌的很多工作都包括與法利賽人嚴重衝突。

當然，我們怎樣作神的工，會決定我們是否得到餵養。

很多年前，薛華在《愛之誌》(*The Mark of the Christian*) 中寫道：「只有一種人可以以接近正確的方法打主的仗，那就是天生不好戰的人。好戰的人傾向因為好戰而為主打仗；至少看起來是這樣。世界必須觀察到，我們因身為真正的基督徒，必須與別人有不同意見時，不是因為我們喜歡血腥味，喜歡競技場的氣味，喜歡鬥牛的氣味，而是因為為了神的緣故，我們必須這樣。」[13]

因此，摩西這個「猶疑的行動主義者」的榜樣是特別合適的。如果行動主義者看到公平和公義實現，在教會和社會中都可以清楚看見，而他們又是以愛神的方式這樣做，對抗實際上會帶來滿足而不是耗盡，會帶來感恩而不是憤怒；而且往往令人感到與神更親密，而不是更感到自義。

我發覺在我進行戶外佈道時，這尤其真實。大學校園充滿試探。緊密的問責小組會有幫助，但沒有甚麼比知道自己第二天早上要佈道，能夠更有效地抵擋試探的誘惑。

那就好像接受訓練參加大型比賽一樣。期待著一件事情，令我有理由放棄其他活動。對抗裏涉及的恐懼產生某種對神的倚靠，是平時不會存在的。你不單愛神，你也需要祂——而且是非常需要祂。你主要的恐懼是祂會離開你，你要獨自面對那個挑戰。

面對這恐懼，懷著信心走出來，發覺神信實地介入、背負著你，可以在你與神的親密中帶來奇妙的事情。你更欣賞神。我發覺與神一起面對考驗，和與人一起面對考驗，同樣可以建立團契。

在為自己的工作辯護時，行動主義者往往引述耶穌潔淨聖殿。行動主義者說，耶穌不單醫治別人，祂也與人對抗。祂是聖潔的，而這與友善十分不同。薛華在《愛之誌》中寫道：「人們往往以為基督教是柔和的，只是一種感情豐富的愛，對邪惡和良善都同樣喜愛。但這並非聖經的立場。神的聖潔需要和祂的愛同時表現出來。」[14]

正是害怕對抗令很多人沒有成為行動主義者。一旦你採取某個立場，你便會受到攻擊。我永遠都不會忘記，在大學時一個支持墮胎的組織的領袖寫了一封信給編輯，猛烈地攻擊我。那並不好受。在初中時，我被選為「最有禮貌的學生」。我需要經過一段時間，才明白被視為「友善的人」和成為忠心的基督徒並非總是並行不悖的。

在另一次，我在學校擔任牧師時，和學校一個爭取同性戀者權益的組織的領袖見面。這個領袖以前參加過一個基督徒小組，我希望令他重拾信仰。首先，我想聆聽他，找出甚麼驅使他領導那個組織，所以我問他，他的組織有甚麼目標。他定睛看著我，以令人驚訝的冷靜說：「清除你們這些人嘗試去做的一切。」

那時我發覺我對受人「喜愛」的渴望必須被釘死。我從不想公然地冒犯別人或愚蠢地惹人討厭，但事實是，有些人選擇憎恨神和神的國。如果我要與神和神的國認同，他們也會憎恨我。我們不能期望忠心地事奉神，同時又得到神的敵人喜愛。

我的行動主義來自順服多於來自氣質；我不認為自己本質上是行動主義者，我在這本書結尾那個關於這種氣質的測驗得分很低。不過，好像箴言二十四章11至12節這樣的經文挑戰我要採取主動。那裏說：「人被拉到死地，你要解救；人將被殺，你須攔阻。你若說，這事我未曾知道，那衡量人心的豈不明白嗎？保守你命的豈不知道嗎？他豈不按各人所行的報應各人嗎？」其他說出行動主義者的心聲的經文，包括詩篇七篇、六十八篇和一百四十篇，以及以西結書三十三章1至20節。

不過，我看到這種氣質有一種矛盾。雖然行動主義甚至對抗都給很多基督徒餵養，但也可以令我們耗盡。以利亞是這方面的經典個案。如果行動主義者留意到自己傾向孤立自己或指摘別人，最好是考慮一下自己有沒有失衡。因此，行動主義者必須找出其他方法補充自己屬靈的餵養。

耶穌的門徒對抗撒但的能力後，耶穌堅持要他們休息一下。如果沒有休息，行動主義者可能採納憎恨和憤怒這些自我挫敗的動機，而不是採納愛和憐憫。行動主義者需要找到合適的平衡——那實際上是基督示範的平衡，祂經常在緊密的事奉中加插屬靈補充的時間。

我也發覺嘗試將自己的行動主義轉化為屬靈親密是有幫助

的。但應該怎樣做？梅頓(Thomas Merton)給了我們一點提示。他提出如果行動主義者為了正確的原因而行動，實際上可以有「戴了面具」的默觀。有些基督徒嘗試將行動主義者和默觀的呼召分開。當然，這兩種氣質表現出它們之間的分別，但梅頓發覺至少可以達到某種綜合。

> 很多基督徒在活躍的生命中懷著很純潔的內心和完全的捨己事奉神。他們的事業不容許他們有獨處、靜默和閒適，使自己的內心完全除去受造物，單單沉醉在神裏面。他們忙於事奉神和神在地上的兒女。同時，他們的內心和氣質也不適合純粹默觀的生活：沒有外在的活動，他們不會有平安……不過，他們知道可以怎樣藉著獻身於捨己的勞動而找到神，在這種勞動中，他們可以整天都在神的同在中……雖然他們是活躍的勞動者，但他們也是半默觀者，因為他們藉著在自己所做和忍受的一切中順服、好像兄弟般的仁慈、自我犧牲和完全順從神的旨意，保持內心的極大純潔。他們比自己所知更親近神。他們享受一種「戴上面具」的默觀。[15]

不過，梅頓強調，「半默觀者」和那些生命中只有敬虔和慣例的基督徒之間有很大的分別。那分別是真正的基督徒行動主義者「單為了神和對神的愛而活」。如果我們的行動主義是以對神的愛為目的，那便和默觀者的禱告一樣蒙神悅納。但如果那行動主義是以對抗本身為目的，我們可能會是餵養有罪和製造分裂的靈，而不是事奉使人合一的聖靈。

行動主義的不同形式

行動主義可以有很多不同形式。法蘭克．薛華（Frank Schaeffer；薛華的兒子）支持一種以行動為導向的「基督教抵抗文學」，不同傳統的基督徒以這種文學有力地為基督教和它的信仰辯護。[16] 身為作者，我很高興看到基督教有很強的傳統，以小冊子和其他出版物對抗教會內外的失敗和過失。在這方面，已故的博克米爾博士（Dr. Klaus Bockmuehl）寫過一本篇幅很短，但卻很重要的著作，書名叫《書籍——神在救恩歷史中的工具》（*Books: God's Tools in the History of Salvation*）。[17] 林肯（Abraham Lincoln）見到《湯姆叔叔的小屋》（*Uncle Tom's Cabin*）的作者斯托夫人（Harriet Beecher Stowe）時開玩笑說：「這就是發動那場〔國內〕戰爭的女士。」在十九世紀，狄更斯為倫敦的孤兒申訴，而托爾斯泰（Tolstoy）則懷著熱誠描述那些被壓迫的人。在二十世紀，萊特（Richard Wright）在小說《黑人男孩》（*Black Boy*）中讓很多人看到在密西西比（Mississippi）鄉間的少數族裔在成長時遇到多大困難；而魯益師（C. S. Lewis）則以受歡迎的「納尼亞傳奇」（Narnia）系列作為「兒童想像力的一種預先洗禮」。這些以及很多其他作家都透過文字改變了數以百萬計人的命運。

另一種行動主義的方式是致力社會改革。約翰．衛斯理寫道：「除了社會聖潔外，再沒有聖潔……將基督教變為個人的宗教，會將基督教摧毀。」[18] 芬尼（Charles Finney）拒絕為仍然接受奴隸制度的人施洗，而威伯福斯則在自己的祖家英國對抗奴隸制度。基督教會往往帶領社會改革。今天教會對抗的罪惡包括墮胎和兒童色情物品。

我曾經在一個支持生命的組織工作過好些年。當時面對的其中一個十分艱難的挑戰，是幫助其他基督徒接受這種社會責任感。我們往往以為，只要我們穩定地參加教會聚會，奉獻收入的十分之一，不故意犯罪，便是盡了基督徒的責任。但聖經有很多神給百姓的呼召，要他們向沒有那麼幸運的人伸出援手(雅一27；太二十五35～36；以及其他經文)。

不過，這裏有一種張力。基督徒在很多事情上有不同的想法，例如在學校禱告、政府對福利的運用、及死刑等。我們可能發覺弟兄姊妹宣揚相反的立場，但身為基督徒和公民，我們有責任首先完全明白問題，然後懷著禱告的心作決定，最後採取行動。

行動主義不單可以號召我們從事社會改革，也可以號召我們積極對抗錯誤和邪惡。已故的薛華寫道，有時「真理等同對抗」。他的兒子法蘭克．薛華警告我們說，因此我們有時必須願意挑戰和回應真理的敵人，這本質上就是對抗的工作。「那些想加入正統的普世運動的人不能成為沉默的大多數。我們必須進取、活躍、採取堅定的立場、大聲疾呼；我們必須加倍努力，因為我們人數比較少。」[19]

作家、傳道人、政治人物、學者、藝術家和主婦都可以成為行動主義者，忠心地在自己的領域中支持真理。法蘭克．薛華認為基督徒應該向新觀念開放，但也要在教育、意識形態、選舉過程、國家議題、抗議、傳媒、教會的反覆無常和強化家庭這些領域中，積極地在各事件裏產生影響，並從我們自己開始。[20]這樣，基督徒行動主義者便可以超越抗議，進而正面地提供不同的做法。基督徒不應該只寫信給國會議員，也可以參加國會選舉。基督徒可以不只抗議娛樂事業中的不道德，更參與這些事業。

在更個人的基礎上，我見過有行動主義氣質的人十分需要「屬靈的冒險」。雖然其他人選擇安全，行動主義者卻往往表現出幾乎不能滿足的需要，要看到神以大能的方式介入。這些人以二十五元和禱告建立非牟利組織，渴望開展全國性運動對抗有組織的罪惡，實現了別人說不可能完成的工作。

行動主義者永遠都不會滿足於安全地行事。他們需要經驗看見行奇迹的神以奇迹般的方式行動帶來的雀躍。這樣看來，行動主義者往往和熱誠者有點相似。

禱告和行動主義者

如果有任何人是我想看到他們和禱告連繫起來的，那就是行動主義者。可幸的是，我認識的很多行動主義者都定期進行不同形式的禱告。

行走的禱告

很多行動主義者都可能發覺「行走的禱告」特別有幫助。傳道者可以在圍繞城市的一個街區行走時，默默為那個街區祈禱；代禱者也可以在圍繞一座政府建築物時為公義禱告。有些基督徒圍繞墮胎診所或醫院禱告。另一些人則將地圖在自己面前張開，為未得之民禱告。

巡行

大羣基督徒聚集在一起為耶穌歡慶的「耶穌」巡行令人驚訝地捲土重來。我說「捲土重來」是因為這種做法可以追溯到巴洛克時期（Baroque period；大約是1550至1750年）。今天的巡行有點不同，它們更專注於讚美和歡慶，而以前的羣體巡行則傾向尋求一些屬靈的恩寵，而且往往是相當嚴肅的事情。這種巡行變得那麼普遍，以致邁爾（A. L. Mayer）稱巴洛克時期為巡行的時代。[21]

代禱

巴特 (Karl Barth) 促請基督徒一手拿著聖經，一手拿著報紙禱告。我們一定可以視代禱為基督徒行動主義的一種方式，而且不單是為了達到政治目的。我記得自己讀大學時每星期都有一天很早起牀，出席宣教祈禱會。我們沒有帶報紙，但卻帶了來自不同宣教團體的材料。現在仍然有很多教會舉行這種聚會，往往是在主日黃昏。

禱告應該是行動主義者生命中一個重要的部分。以工作作為禱告是重要和有效的，但特別出來禱告也是重要的。行動主義者天生會經常對抗和面對邪惡及不公義，他們需要禱告，以保持他們的焦點和令自己免受污染。如果行動主義者疲累或在靈性上耗盡，恨惡罪可以變成恨惡人。不用多久，不禱告的行動主義者會開始變得冷漠，甚至疏遠周圍的大部分基督徒。如果你是行動主義者，幫自己和教會一個忙：培養積極禱告的生命。

行動主義者的試探

變得好論斷

行動主義者可能認為自己變得愈聖潔，便會愈恨惡罪。這是對的。不過，行動主義者往往錯誤地作出邏輯的跳躍，假設自己變得愈聖潔，便愈不能夠容忍罪人。這明顯是錯誤的。

我研究過經典的屬靈著作，發覺大部分屬靈著作的作者都同意，我們在信仰上變得成熟時，會更渴望看見罪離開自己，但卻會更憐憫其他罪人。我們的愛，以及我們對罪那聖潔的憎恨，都應該增長。自義、好批評的態度並不反映基督的憐憫。行動主義者可能見到太少基督徒恨惡罪，因此矯枉過正地以忘記愛罪人作為補償。

例如，那些拿起武殺害替人墮胎的醫生的人，背叛了他們為之效力的目的。我因為沒有人殺死內桑森（Bernard Nathanson；以前支持墮胎的人）、埃里特（Carol Everett；以前擁有墮胎診所的人）或麥科維（Norma McCorvey；又名羅〔Jane Roe〕，是羅對韋德〔Wade〕的訴訟中的羅）而感恩，因為這三人現在都有力地維護生命。我也因為初期教會的信徒沒有暗殺掃羅而感恩，雖然他在成為使徒保羅前曾經積極迫害和謀殺基督徒。從歷史和聖經，我們都學懂我們必須**以神的方式**做神的工作。

熱心與性

關於這點，我是公開表達不同的意見。但從個人的觀察和閱讀傳記中，我發覺個人的熱心程度和性誘惑之間有直接的屬靈關係，男性尤其是這樣。男性基督徒有很大的成就，但卻在性方面不道德的故事多不勝數，我毋須在這裏引述。

在最深的根源中，熱心往往是對抗無力和爭奪控制。熱心的人天生也是自私的。這種對控制的追求，在不關注別人的福祉時，肯定是性欲望的溫牀，因此性欲可能特別喜歡熱心的靈魂。

不太久以前，我向一羣基督徒行動主義者演講，我這樣提醒他們：「幫助你們成為成功的行動主義者的質素，也可能令你們成為失敗的基督徒。」

熱心的男女需要容許別人向他們問責。熱心加上保密是性罪行的溫牀；你感到疲累時，幾乎肯定會令你自己和神給你的事奉蒙羞。行動主義者在這方面可能比很多擁有其他氣質的人面對更多試探。

精英主義和怨恨

由於行動主義者從對抗中得到力量，他們可能不明白為甚麼別人那麼害怕對抗。即使只是想到抗議或與別人接觸，向他們傳福音，也可能令某些人感到無力，但卻會令另一些人感到興奮。這樣可能產生精英主義這種態度。

我們可以在撒母耳記上三十章找到一個很好的警告。在大衛的一場戰役中，很多兵士在努力追趕敵人時變得疲累，所以大衛留下他們看守軍需品，自己則和其他兵士完成那場戰鬥。那些繼續戰鬥的人凱旋歸來時，有些人產生精英主義的態度。他們說：「這些人既然沒有和我們同去，我們所奪的財物就不分給他們。」[22]

幸好大衛介入。「弟兄們，耶和華所賜給我們的，不可不分給他們；因為他保佑我們，將那攻擊我們的敵軍交在我們手裏。」[23] 留意大衛說甚麼。用另一種方式表達，他是說：「朋友，你們忘記了一些事情，給我們勝利的是神，而不是我們自己的力量。所以每個人都可以分到財物。」

大衛將這變成規定和法令：戰鬥的人和看守物資的人都會得到同樣的賞賜。這反映了保羅眾多關於尊重不同的屬靈恩賜和呼召的話。

過分關心行動和統計數字

小孩因為玩具卡在某些東西裏面，或者解不開一個結而感到沮喪時，可能會更努力嘗試，並往往令情況變得更糟。真誠和努力是兩條有力的腿，但兩條腿並不足以穩定一張凳子。基督徒行動主義者需要真誠、努力和深思的禱告。

一位對禁酒運動有疑慮的牧師說：「長遠來說，如果教會的行動少一點騷動，多一點洞見，教會可以走得更遠。」[24]我們很難不同意這個見解。耶穌總是我們的完美模範，祂在日間努力工作，在早上和晚上則努力禱告。彼得則是一個典型例子，他很快地行動（例如削去一個士兵的耳朵），但事後卻後悔。

沒有強調個人的聖潔

耶穌明確表示，我們要先除去自己眼中的梁木，才能夠除去別人眼中的木屑。[25]社會改革始於尋求改革社會的個人。社會行動永遠都不能取代個人的聖潔。事實上，沒有個人聖潔的社會行動可以帶來的壞處和好處同樣多：如果人們發覺我們是偽君子，那事業便不再可信。

你是行動主義者嗎？

你是行動主義者嗎？為以下的話評分，由一至五分。五是最能夠形容你的，一是最不適合用來形容你的。將分數記錄在空位上。

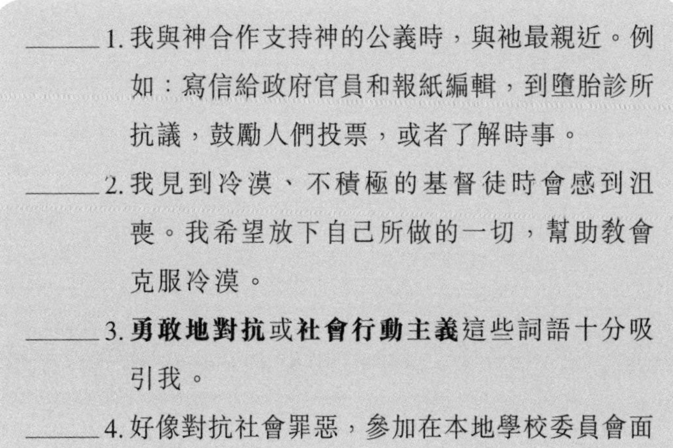

______ 1. 我與神合作支持神的公義時，與祂最親近。例如：寫信給政府官員和報紙編輯，到墮胎診所抗議，鼓勵人們投票，或者了解時事。

______ 2. 我見到冷漠、不積極的基督徒時會感到沮喪。我希望放下自己所做的一切，幫助教會克服冷漠。

______ 3. **勇敢地對抗**或**社會行動主義**這些詞語十分吸引我。

______ 4. 好像對抗社會罪惡，參加在本地學校委員會面前質疑新課程的聚會，以及在政治運動中擔任義務工作等活動，對我來說是重要的。

______ 5. 法蘭克．薛華的《憤怒有時》(*A Time for Anger*)對我來說會是必讀的重要書籍。

______ 6. 我希望將教會從冷漠中喚醒。

你的總分是：______

十五分或以上顯示你傾向有這種屬靈氣質。將你的分數記錄在二百一十九頁的第十一章上，便可以有一幅綜合的圖畫，看到你心靈通向神的路徑是怎樣的。

一個重大的呼召

雖然我不認為自己本質上是行動主義者，但我十分尊重行動主義者在教會和世界上的角色。行動主義者需要有很強的自我，因為他們往往被羣體排斥。我認識的大部分基督徒如果被報紙的文章公開貶低，他們絕對會支撐不住。但行動主義者卻似乎只是一笑置之，欣賞那幅照片，然後繼續下去。

這可以令人變得自負，到了這時便需要處理了。但我經常得到提醒，我們的神喜歡使用不完美的人，甚至將性格上的弱點轉化為有用的工具和力量。

教會與行動主義者和先知往往相處得不好。我們深情地記得那些死去的人，但對那些仍然在生的卻往往感到厭惡。這應該令行動主義者更愛神，因為神往往可能是他們惟一的朋友！成為行動主義者是重大的呼召，但需要以正確的動機行動。稱行動主義為「神聖的路徑」應該有幫助：我們行動是因為那是表達我們愛神的最佳方式。有了這種態度，很快便會有成功的事奉(而不是個人的紀念碑)。

第7章

照顧者：
透過愛別人愛神

「加里，我需要幫助。」

我皺起眉頭。我知道會有甚麼事情發生，但我不想聽到。戈迪(Gordy)將他的輪椅稍為移近我一點，並輕聲說：「我有一個小意外。」

「戈迪，好吧，沒有問題，讓我們來處理吧。」我說。

戈迪和我在同一間大學讀書，但他患了嚴重的肌肉萎縮症。當時他距離死於肺炎只有兩年。而肌肉萎縮症的病人往往是死於這種病。隨著戈迪的情況惡化，他需要的幫助也愈來愈多。我在一星期前剛見過另一個基督徒在他腹瀉後幫助他，我記得那時我對自己說：「我不能夠那樣做。」但我將會發覺事情並非如我所想。

戈迪比我更熟悉那情況，我們實際上能夠享受那次經驗。由於我已經適當地得到「啟蒙」，當戈迪那個受薪的照顧者不在時，我也成了戈迪可以求助的對象，而他也確實向我求助。

我們總記得那些最愚蠢的事情。有一次，我脫下他的襯衣，將襯衣摺起來，卻聽到他忍耐但又很迫切地說：「加里！」我轉過身，剛剛趕及在戈迪向後倒下前扶著他。戈迪笑起來，我也笑起來。第二次，我便記得在將他的襯衣經過他頭上脫下來時，用膝蓋支撐著他。

在這一切中，我最記得的是他雙腳。那雙腳有一切顯示它們從未經使用的迹象。我認識戈迪時，他已經有十年不能走路了，而且他穿的是拖鞋而不是鞋子。在我們這個私人化的世界，我很少遇到對自己雙腳沒有感到任何侷促不安的人。洗腳，在最後晚餐記念基督的工作，已經足以令很多人不到教堂。但戈迪卻保持沉默。他知道我會看到他雙腳，但卻甚麼也不說。

有一天，我替戈迪穿襪子時，才明白在我們一切的努力中，他才是那聖潔的一位。他在服事我，並以十分實際的方式，犧牲他身體的私隱來這樣做。我內裏是那麼殘缺，害怕讓別人看到我的錯誤和掙扎，因為我可以將自己的弱能隱藏起來。戈迪外在的弱能，以十分真實的意義，成了我的內在醫治。他願意讓別人看到他的軟弱，反映出一種鼓舞人心的內在力量。

一個星期六早上，我大清早便醒來，走到男洗手間。在大學的宿舍，有時有人前一晚因為喝得太醉，來不及到廁所。供傷殘人士使用的廁所滿佈嘔吐物，地上、馬桶，以及四周都滿佈那骯髒的東西。

通常我會厭惡地搖頭歎息，然後繼續走，但一種內裏的催迫不容許我這樣做。戈迪不能夠繼續走。清潔工人星期一才會來，而戈迪只能夠使用這個洗手間。以前戈迪見到我時，我幫了他很多次。這次他需要我，但卻不會知道，也不會看到。

我走回洗手盆那裏，弄濕一些紙巾，然後開始工作。過了十五或二十分鐘，工作便完成了。戈迪一直都不知道。他那個週末好像平常一樣。他輪椅的聲音沒有減弱，繼續在走廊響起；但我卻改變了。戈迪的生命再次觸動我。我裏面有些東西在感動我，我知道那不是以理想化的方式進行，而是我完全明白為甚麼修士往往視弱能的人為特別聖潔。他們可以給我們相當深刻的教導。

加爾各答的德蘭修女在窮人、病人和有需要的人的眼神背後，看到神的形象。她學懂透過愛別人來愛神。這種話可以令「互相倚靠的警察」響起紅色警報，但除了心理有問題的人外，很多人都發覺，我們愛神的其中一個最深刻方式是愛別人。對照顧者來說，照顧別人不是令人討厭的工作，而是一種崇拜。我聽過德蘭修女問所有打算獻身修道院的人：「你的工作有沒有給你喜樂？」如果答案是「沒有」，他們便不獲接納。

殉道者毋須申請進入修道院。

聖經中照顧者的例子

照顧者在尋求明白自己的呼召和氣質時，可以留意兩個人：末底改和耶穌。

末底改

以斯帖記描述的末底改，是深入和深刻地關心別人的人，他大量運用自己的力量來幫助別人。以斯帖記二章7節是我們看到末底改的第一幅畫像。在那裏我們得知以斯帖因為父母被迫遷徙而變成孤兒後，末底改撫養她。「她父母死了，末底改就收她為自己的女兒。」

末底改為以斯帖付出很大的努力。即使在以斯帖被帶到王宮後，末底改仍然緊密地為她謀幸福，也很關心她的福祉。「末底改天天在女院前邊行走，要知道以斯帖平安不平安，並後事如何。」[1]

對別人沒有那麼關心的人，可能會不再理會她。畢竟末底改已經盡了自己的責任，帶了她進王宮；現在她已經不在他身邊，難道他不可以忘記她，照料自己的其他事務嗎？不及他那麼好的人可能會這樣，但末底改卻不會。

末底改的第二幅畫像在以斯帖記二章稍後出現。這次末底改照顧的是王。他聽到王的兩個僕人密謀傷害王。末底改報告了他聽到的話，救了王一命。在短短兩章，末底改已經照顧了一個孤兒，並保護了王。

不過，末底改並不是喜歡取悅別人的人，這令我們不會懷疑他想和別人「互相倚賴」。我們在第三章讀到，因為他拒絕在哈曼出現時下跪，以致激怒了哈曼。如果末底改服事別人時也可以事奉神，他便會這樣做。如果兩者有衝突，末底改便選擇討神喜悅。

末底改不單關心孤兒和王，他也關心整個猶太民族。哈曼為了向末底改報復而取得准許，將猶太人滅絕時，末底改「就撕裂衣服，穿麻衣，蒙灰塵，在城中行走，痛哭哀號」。[2]

藉著忍受這種羞辱和不適，末底改可以將以色列那危險的迫切性傳達給以斯帖。以斯帖最終派了一個僕人去打聽究竟發生了甚麼事。以斯帖對惟一的生路感到退縮時，末底改站穩立場。「你莫想在王宮裏強過一切猶大人，得免這禍。……焉知你得了王后的位分不是為現今的機會嗎？」[3]

真正的照顧者——牧羊人——在執行自己的使命時，如果有需要，可以變得好像獅子那麼勇猛。這總令我感到驚訝。末底改雖然是照顧者，但他明顯並不懦弱。當環境要求他堅定時，他可以十分有力，即使是面對自己很愛的人。

值得留意的是，如果末底改當初拒絕照顧成了孤兒的以斯帖，整個猶太民族都可能消失，因為末底改不會有辦法接近王。他較早時照顧別人的行動，為他較後時的照顧行動提供機會，而這次照顧的規模要大得多。

透過末底改的堅持，神的神佑給以色列人一個方法防衛自己。在這裏，末底改再次是主要的照顧者，他小心寫出給以色列同胞的指示，分發到周圍的省，讓以色列人知道怎樣防衛自己。[4]

以色列得勝後，末底改的照顧仍然繼續。他設立了一年一次的節日，慶祝神的保護和介入。他可以輕易為自己的忠心建立一塊紀念碑，但他沒有這樣做，卻下令以色列人藉著彼此送禮物，以及送禮物給窮人作為慶祝。末底改沒有為自己著想，而是找出新方法去照顧有需要的人。[5]

在任何時間，末底改都照顧別人：首先是一個孤兒，然後是一個王，接著是一個民族，最後是窮人。以斯帖記最後的話是末底改的墓誌銘，這段話是適合的，那裏說：「猶大人末底改作亞哈隨魯王的宰相，在猶大人中為大，得他眾弟兄的喜悅，為本族的人求好處，向他們說和平的話。」[6]

誰可以希望有更顯要的墓誌銘？

耶穌

由於耶穌是世上惟一真正完全的人，祂擁有我們討論的所有屬靈氣質。我們是不完整和破碎的，沒有基督生命顯出的深度和廣度。不過，耶穌的生命在成為完美的照顧者這方面尤其光輝耀眼。耶穌關心病人、被鬼附的人和失喪的人。祂促請追隨者施予給窮人，對羣眾也充滿憐憫。[7]

雖然很多人都假設「宗教」和照顧別人是密切相連的，但其實只是因為耶穌，才會這樣。在宗教領袖中，主要是祂將對神的愛與對別人的愛，特別是對被壓迫的人，連繫起來。伊斯蘭教在戰爭中建立，它的信息有對抗的成分(雖然我們得承認，「五功」中包括捐獻收入的四十分之一給窮人)；佛教的道德是建基於避免邪惡，而不是減輕別人的痛苦(因為根據佛教的思想，痛苦畢竟是虛幻的)；印度教關心的是避免負面的業，從而脱離生、死和再生的輪迴。

將對神的愛和對別人的愛連繫起來，並採納「積極」(「你們願意人怎樣待你們，你們也要怎樣待人」)而不是消極(「己所不欲，勿施於人」)的道德，在耶穌的時代是頗為激進的信息，是將舊約，以猶太為基礎、要求社會憐憫的呼召擴展。今天人們假設宗教和照顧應該緊密相連，主要是因為基督的信息得到傳播。

一幅圖畫特別顯示耶穌那照顧人的心。耶穌聽到施洗約翰被斬頭時，祂知道自己地上的事奉已經真的轉向加略山——漫長、折磨人和血腥的死已經離祂不遠。在經歷那苦難之前，耶穌需要確保可以將一羣難以控制的門徒，訓練到可以在祂離開後傳遞祂的信息。如果有人配得獨處，那就是耶穌。如果有時間適合定下合理的界限——為正在發生的一切禱告和作準備——這就是那樣的時間。

不過，有需要和不能滿足的羣眾跟隨著祂。試想像一個賣雪糕的男人走進一羣飢餓的孩子當中，他們抓著他的衣服。耶穌放眼看見那些羣眾還想得到更多時，祂的感覺一定好像那個賣雪糕的男人一樣。不過，耶穌看到他們時，「〔他〕就憐憫他們，治好了他們的病人」。[8]

不可思議的是，耶穌的事奉持續了幾小時。祂仍然疲倦，仍然想著那天的事件的嚴重性，但卻繼續施予、醫治和教導。羣眾逗留在那裏的時間長得令他們飢餓，這給門徒一個很好的藉口打發這班人走。要記得，不單耶穌感到疲倦，門徒一定也疲倦了。他們說「耶穌呀，這些人餓了。是時候打發他們走了，不是嗎？」時，聲音中包含了一點兒私心。

這是虛偽的憐憫。門徒希望自己得到平安、休息和安靜，但卻假裝關心羣眾。耶穌卻充滿照顧者的心，祂看著門徒說：「他們不用離開。你們給他們食物吧。」

我可以看到門徒都皺起眉頭，可以想到他們的計算：「如果我們要餵飽這麼多人，便要做很多收集和預備工作，要幾天後才可以休息！要幾天後才可以平靜地進食！祂肯定不可能是這個意思！」因此門徒拿出王牌。

「我們這裏只有五個餅和兩條魚。」或許夠門徒吃，但肯定不夠數以千計的人吃。

耶穌自己肯定也感到飢餓。祂成了肉身，也會感到精神不振、飢餓和筋疲力盡。施行大神蹟一定令身體痛楚和疲累，肯定比彈一彈手指，看著一切移動更累人。不過，耶穌仍再盡一次力，再行一個神蹟，這次是在差不多筋疲力盡時這樣做。祂餵飽那些人，而且在打發他們走之前，再次犧牲自己對休息和恢復精神的需要。

耶穌在餵飽羣眾後的活動，強調了祂需要獨處的時間。馬太告訴我們：「耶穌隨即催門徒上船，先渡到那邊去，等他叫眾人散開。散了眾人以後，他就獨自上山去禱告。」

耶穌將別人的需要放在自己的需要之前。和世上任何人相比，祂都有更重要的使命要完成，但祂仍然有時間照顧病人、飢餓的人和不受控制的羣眾的基本需要。這個榜樣今天繼續挑戰我，因為我們有「更重要的事情」要做，我們很容易忽略周圍的人的需要，但耶穌界定那些需要是我們使命的重要部分。我毋須引述整個好撒馬利亞人的比喻來提醒我們，注意「屬靈的事」並不是拒絕操勞的藉口。

聖經對給予照顧的勸告

聖經有很多關於藉著照顧別人來愛神的挑戰。好撒馬利亞人的故事很可能是整本新約中其中一個最流行的比喻。正如我們較早時提過，這個比喻的意思是清楚的。沒有人是重要或聰明得可以給自己藉口，不向別人提供實際的幫助。耶穌在很多教導中都強調憐憫，難怪祂的門徒——新約的作者——也敦促我們這樣愛神。

約翰告訴我們：「我們因為愛弟兄，就曉得是已經出死入生了。」[9] 事實上，對別人沒有愛，令我們對神的愛也變得可疑。「凡有世上財物的，看見弟兄窮乏，卻塞住憐恤的心，愛神的心怎能存在他裏面呢？」[10]

保羅也和約翰一樣，促請基督徒照顧別人：「各人不要單顧自己的事，也要顧別人的事。」[11] 希伯來書的作者將愛別人等同愛神：「因為神並非不公義，竟忘記你們所做的工和你們為他名所顯的愛心，就是先前伺候聖徒，如今還是伺候。」[12] 稍後，這位作者提醒信徒，我們在照顧陌生人時，實際上可能是在接待天使。[13]

雅各說「清潔沒有玷污的」宗教，就是照顧患難中的孤兒寡婦。[14] 彼得敦促我們要互相款待，並運用神給我們的各種恩賜彼此服事。[15]

這教導的廣泛，以及新約很多作者都重複這樣的教導，令我們對透過愛神所創造的人來愛神的重要性不會有任何疑問。雖然有些人在愛神的這個領域中做得特別出色，但每個基督徒的生命中都應該包含這個領域。

有一節經文對我的挑戰特別大。我不會忘記這節經文的真理抓著我的那個下午。在基督徒圈子中，所多瑪這個城市往往用來指**最**邪惡的城市，但所多瑪最大的罪是甚麼？請聽以西結的話：「看哪，你妹妹所多瑪的罪孽是這樣：她和她的眾女都心驕氣傲，糧食飽足，大享安逸，並沒有扶助困苦和窮乏人的手。」[16]

我自己生命中肯定有很多驕傲。從整個世界來說，我肯定是「糧食飽足」。我也需要坦白承認自己「大享安逸」。既然這三件事情都是事實，惟一使我不犯所多瑪的罪，也就是聖經描述的最大邪惡的是，我有沒有「扶助困苦和窮乏人」。

我們喜歡以避免過犯來定義聖潔，但在神的書中，忽略的罪（不做我們應該做的事）和實行的罪（做了我們不應該做的事）同樣嚴重。

照顧的模式

我很佩服那些承擔照顧有需要的人這個任務的人。我記得我在神學院攻讀時，負責管理一座房子，有一位實習的校園牧者住在這座房子裏。有兩個深受困擾的男人搬到這位實習牧者隔鄰。

如果那兩人不是吸毒，便是酗酒。每星期有幾晚，那位實習牧者都聽見這兩個鄰居說些別人不能明白的話，或者在走廊暈倒。於是他便將他們扶起，帶到自己的車上，送他們到戒癮中心。(如果你從未試過運送喝醉酒的人，你可能不明白用自己的車子這樣做要冒多大的險。)

當那實習牧者蒙召到另外一個州事奉時，他將這個好消息告訴這兩個鄰居。他們說：「噢！我們弄得一團糟時誰會帶我們到戒癮中心？」

更近期，我聽到一對了不起的夫婦的見證。他們收養了一個腦部嚴重受損的嬰孩。蓋爾．凱利 (Gail Kelley) 和她丈夫講述曼紐爾 (Manuel，即Emmanuel簡稱；意即「神與我們同在」) 的故事。他是他們的養子，有嚴重弱能，是亂倫關係生下的孩子，而且因為醫生處方不當，在母親子宮裏受到進一步損害。一天晚上，蓋爾一直陪伴著曼紐爾，因為他的病一再發作。每次發作都破壞更多腦細胞。蓋爾發覺曼紐爾再沒有多少腦細胞可以失去時，她哭起來，眼淚滴到曼紐爾烏黑的頭髮上。

凌晨三時半一次持續三分鐘的發作，開始了一次可怕的折磨。三時三十四分，有一次為時兩分半鐘的發作。三時四十四分，出現了一次特別長的發作，持續了整整五分鐘。幾分鐘後，在三時五十六分，又有另一次持續了三分鐘的發作。

每一次，曼紐爾的手臂都有強烈的抽搐。最初，他雙腿是僵硬的，但其後也開始搖動和顫動。曼紐爾的頭失控地縮起和扭動。他的左眼不時閉上，然後眼珠向四處轉動，右眼則有規律地震動。有時，曼紐爾會氣促，或者左邊嘴角會流出唾液。發作停止時，曼紐爾的舌頭會微微顫動，稍為向後縮，那發作會好像兩隻巨大的手臂，溫柔地放下他，讓他休息。

其後又再有兩次發作，一次在凌晨四時，另一次在四時二十分。蓋爾感到疲累、筋疲力盡、害怕和耗盡，她開始不能自制地哭泣。她恐怕曼紐爾很快便會在她懷中死去，於是向神祈求：「我和他一起的時間並不足夠。神啊，求祢不要現在就將他帶走。」

蓋爾「聽到」她相信是神的回應。「你向我最微小的弟兄所做的事，是為我而做的。神與你同在。以馬內利。」

現在蓋爾清楚知道前面的現實，她問道：「但我們可以怎樣完成這個任務？難道祢看不見嗎？我不知道自己在做甚麼！」

「我會給你足夠的恩典應付每天的需要。」

蓋爾感到軟弱，但接著漸漸感到神的靈充滿整個房間。她以從未有過的方式察覺到神的同在時，仍然閉上雙眼。她不敢張開眼睛。神的同在似乎是那麼強烈，以致她想到會否在房間裏看到耶穌。她預備好接受這事情嗎？

彷彿有電流通過她身體，蓋爾慢慢抬起頭，張開雙眼。她說：「我完全預期自己懷中是孩童耶穌而不是曼紐爾。」神的同在是那麼有力，以致她開始在房間中四處張望，嘗試找出基督向她顯明的真實同在。

她說：「我環視房間後停下來，凝視著曼紐爾。我明白了。」

蓋爾放鬆下來，簡短地禱告、讚美和感恩。幾分鐘內，曼紐爾的發作便停止了，蓋爾和他都很快便睡著了。

蓋爾和她丈夫照顧一個很多人都認為無權利生存的孩子。曼紐爾永遠都不能走路或說話。雖然蓋爾展示一些照片，顯示這個三歲半的男孩似乎認得周圍的人，但有些醫生卻質疑他能否明白周圍發生的事情。但神知道，蓋爾和她丈夫也知道，曼紐爾是將對神同在的更深感受傳遞到蓋爾生命中的器皿。

不過，我們毋須將照顧的定義限制在護理病人之內。照顧者這種氣質包含很多不同方面，都是透過服事別人而愛神。有些人可能將照顧理解為安靜地坐在年長的人牀邊。另一些人則可能理解為在志願救援組織工作或替人修葺房子。我們可以考慮的事情包括：

- 「認領」一個囚犯
- 幫助朋友度過個人危機
- 借錢給別人
- 幫助別人戰勝濫用藥物
- 加入義務救援隊伍
- 幫助不識字的人學習閱讀
- 花時間在受虐婦女庇護所服務
- 在懷孕婦女收容中心提供輔導
- 在施食處工作
- 替別人修理汽車
- 修葺房屋
- 為盲人錄製錄音帶
- 為醫治某種疾病進行研究
- 幫助別人重整他們的電腦系統
- 幫助疲累的父母照顧他們的兒女

在《福音出擊》(*Conspiracy of Kindness*) 這本書中，索格倫 (Steve Sjogren) 提議將服事和佈道混合起來。[17] 試想像一下，如果鄰居看見你在交通繁忙時免費派發汽水；在大學校園供應熱巧克力、咖啡和曲奇餅；向在本地公園中跑步的人、騎單車的人或家庭免費提供冰棍或佳得樂 (Gatorade)；在長者羣體中清掃葉子和剪草；向有需要的人免費提供火種和木柴；以及清掃行人路和車道的雪；他們會多麼驚訝。

有聖靈的感動帶領我們，要嘗試照顧別人有無限的機會。無論我們這樣做是作為佈道的前奏，還是作為服事，藉以向別人顯示基督的愛，這都是積極的福音活動中一幅有力的圖畫。

照顧者作為先知

照顧別人是先知的活動。我們是自我中心的受造物，關心別人是不尋常的回應，而且是神超自然觸摸的證據。因此，照顧者藉著透過給予照顧顯示神的愛，以十分可見的方式見證神的存在。

根據聖經，我們人類的自然回應是自私。聖經有很多這樣的描述：雅各和約翰想坐在耶穌的右邊，而其他門徒則怨恨他們；雅各用計謀取得以掃的長子權；羅得取去最好的地作為自己的產業；祭司和利未人來到耶利哥時，從受傷的人身邊走過。

我們也可以加上自己作為例子。我記得自己在中學時參加一個稱為「鑰匙會」的會議，那個會是一個公共服務組織。我一位朋友說：「『鑰匙會』是為那些完全無事可做的人而設的。」他心想，為甚麼活躍的中學生應該關心在護養院發生甚麼事。

自私的行為可以延續到婚姻和事業，因為我們實在太忙，無暇關心別人。有一次，斯沃莫爾學院(Swarthmore College)邀請我在他們的佈道週「為甚麼是耶穌？」中擔任講員，令我感到自愧不如。我到達那裏時，有幾位學生在下午五時聚在一起禱告。我很欣賞他們，問道：「你們一星期這樣禱告一次嗎？」

他們回答說：「不，我們每天都這樣做。」

他們沒有校牧照顧，全國性的事工認為他們的學校太細小。於是學生領袖要求本地的牧師和基督徒同工在他們每週一次的聚會擔任講員。

在分享代禱事項時，一位年青的女士談及她前一晚帶領的查經。另外兩個學生分享一段為時兩小時的栽培，以及他們翌日會在校園負責的書攤。

我在心裏將這些沒有領袖的學生獻給神的時間加起來時，感到既謙卑又羞愧。在大學有那麼多自由時間，而且大學生的體力正處於巔峯。你可以整天踢足球而不會整個星期都感到肌肉疼痛。你可以長時間遠足或在深夜看電影而毋須找人替你照顧小孩。你可以做各種事情，但這些學生卻獻身於接觸那些失喪的人。

一位年青人已經訂了婚，會在夏天結婚。他告訴我們：「還有一百一十六天。」

一位大學生禱告說：「神啊，求祢幫助他找出一百一十六種事奉祢的方式，而不是甚麼也不做，只等婚禮舉行。」

那位已經訂了婚的男士說：「阿們。」

這些大學生明顯受到超自然的觸動，令他們脫離那天生、有罪的自私。

不過，有些基督教事工沒有對抗我們的自私，反而嘗試利用這種傾向。一個全國性救援組織沒有要求我們因為對基督的愛而作出犧牲，而是賣廣告促請基督徒幫助他們解決飢餓問題，因為「這樣會令你有良好的感覺」。在整個廣告中，「你會有良好感覺」這個信息重複了幾次。正如一位作者指出，我們很難想像基督說：「揹起你的十字架來跟從我；這樣會令你有良好的感覺。」[18]

因為熱誠地愛神而顯出憐憫的基督徒會好像先知那樣向自私的文化說話，有時也會向自私的教會說話。自私扭曲真正的犧牲，而真正照顧的核心正是犧牲。加爾各答的德蘭修女說：「真正的愛總是痛苦和使人受傷的：這樣的愛便是真實和純潔的。」[19]我們需要先經歷犧牲的痛苦，才能夠體驗順服的喜樂。

因此，「先知的」照顧要求我們的照顧是出於對神的愛，也就是說，我們照顧別人，因為我們知道神很愛我們。普林斯頓大學（Princeton University）社會學教授武特諾（Wuthnow）寫道，學術研究顯示，最有助關心和憐憫的宗教信仰是「相信一位有位格的神，是個人可以感到親近的；以及一套肯定個人價值的信仰系統」。接者他寫道：「就觀察研究能夠量度這些事情的程度來說，認為個人接受神的愛這個觀念，實際上似乎與更願意關心別人有關連。」[20]

照顧者的試探

論斷別人

我們藉著向別人表達關心來得到屬靈餵養時，需要記得馬大的教訓。我們可能認為默觀者「的心太專注於天堂，在地上沒有帶來任何好處」，而如果我們不確保母親患了病的史密斯一家定時得到熱的食物，祈禱會也只是浪費時間；但耶穌很直接地告訴馬大，懷著敬愛坐在祂腳前也是合適的。[21]

照顧別人並不容許我們論斷那些以不同方式事奉神的人。所有基督徒都蒙召照顧別人，這是真的；但要實行這個責任，卻有不同方法，我們不應該論斷別人的崇拜是否有效。

透過服事別人而服事自己

有些自尊心弱的人可能感到需要服事別人，藉以證明自己存在。照顧作為一種氣質，表示我們藉著向人伸出援手表達我們對神的愛。這是內心充滿愛，滿溢得流向周圍的人。病態的照顧實際上是攫取的行動；那是欺騙，愛別人以致他們會以愛我們或需要我們作為回應。

一位治療師說：「當一些婦女沒有照顧自己生命中的事務，卻加入義務團體照顧眾多基層人士時，我真的感到很討厭。對那些問題已經夠多的人，即使我們不要求他們滿足我們的需要，這樣做已經對他們很不好了。」[22]

洛杉磯一位聖職人員以「一元牧者」這個稱號吸引全國注意。他幫助窮人的方法是每個星期日下午在貧民區徘徊，向無家可歸的人派發一元紙幣。一位社會工作者諷刺地指出，這種散步「對別人沒有幫助，但對蔡斯神父(Father Chase)自己卻很有幫助」。[23]

抱持狹窄的定義

行動主義者和照顧者的共通點可能比你想像中更多。事實上，很多照顧者會成為行動主義者。在市中心照顧窮人的人，最終可能會參與改革對窮人不利的政府結構。

不過，照顧者可能會受到試探，論斷行動主義者的動機；但他們其實可以合作——行動主義者幫助解決背後的問題，而照顧者則在問題未得到處理時給別人安慰。要提防將照顧的定義收窄，忽視了長期、解決問題的照顧，和短期、紓緩問題的照顧之間的分別。兩者在天國的工作中都有自己的位置。

忽略我們身邊的人

我們滿懷熱誠地透過愛別人而愛神時，必須謹記神將家庭放在優先位置。保羅在給提摩太的信中寫道：「人若不看顧親屬，就是背了真道，比不信的人還不好，不看顧自己家裏的人，更是如此。」[24] 如果我們真的愛神，而不是單為了滿足自己的需要而服事別人，我們便會樂意先照顧家裏的人。一位有孩子的年青主婦如果視照顧兒女為崇拜的一個主要部分，會為自己的看法帶來革命性的改變。年青的父親必須學習，改變世界要從改變自己的家開始。

你是照顧者嗎？

你是照顧者嗎？為以下的話評分，由一至五分。五是最能夠形容你的，一是最不適合用來形容你的。將分數記錄在空位上。

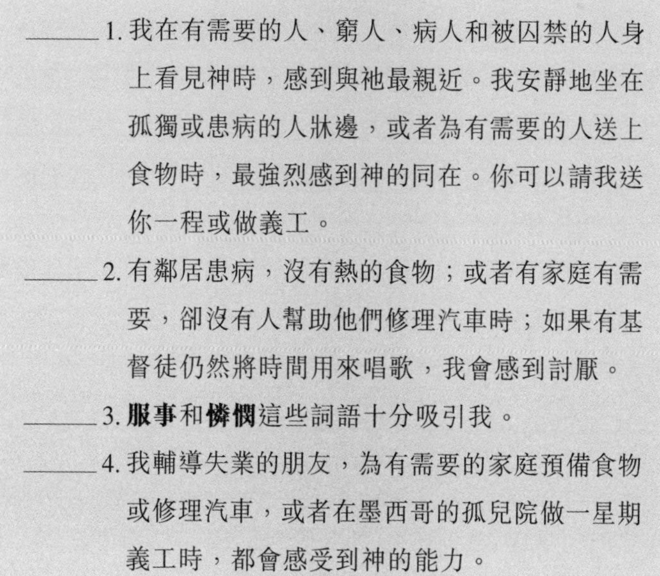

______ 1. 我在有需要的人、窮人、病人和被囚禁的人身上看見神時，感到與祂最親近。我安靜地坐在孤獨或患病的人牀邊，或者為有需要的人送上食物時，最強烈感到神的同在。你可以請我送你一程或做義工。

______ 2. 有鄰居患病，沒有熱的食物；或者有家庭有需要，卻沒有人幫助他們修理汽車時；如果有基督徒仍然將時間用來唱歌，我會感到討厭。

______ 3. **服事**和**憐憫**這些詞語十分吸引我。

______ 4. 我輔導失業的朋友，為有需要的家庭預備食物或修理汽車，或者在墨西哥的孤兒院做一星期義工時，都會感受到神的能力。

______ 5. 好像《九十九種幫助鄰舍的方法》(*99 Ways to Help Your Neighbor*) 這樣的書對我很有吸引力。

______ 6. 我寧願照顧病人，讓他們恢復健康；或者幫助別人修葺房屋；也不願意教成年主日學，參加禁食禱告退修，或者在樹林中獨自散步。

你的總分是：______

十五分或以上顯示你傾向有這種屬靈氣質。將你的分數記錄在二百一十九頁的第十一章上，便可以有一幅綜合的圖畫，看到你心靈通向神的路徑是怎樣的。

照顧者的呼召

説我們相信是一回事，由於我們的信念而向別人表達憐憫，令自己不便，卻是另一回事。雖然這種關心是每個信徒的責任，但有些人在這種服事方面卻有特別的恩賜和呼召。對他們來説，這些憐憫的行為是十分實際的方式，讓他們表達自己對神的愛，以及在愛神中成長。照顧者在替成年換尿片時，可能比安靜地禱告時更清楚聽到神的聲音。

這是崇高和神聖的呼召。雖然這種呼召不如向羣眾傳道那樣容易被人看到，但我相信，對我們的天父來説，這種事奉是特別寶貴的。

第8章

熱誠者：

以奧祕和歡慶愛神

我在華盛頓州的克里斯特山 (Crystal Mountain) 看著陽光照耀山頂時，想到大概還有更差的葬身之處吧。有些「朋友」主動提出帶我去滑雪，從山頂向下滑。那是我第一次，也是最後一次這樣做。以我當時的年紀，我已經懂得，單單以兩片沒有製動器的木接觸地面，從山上飛下來，經過樹木和巨礫，會有一定的危險。當時佔據著我思想的是，我可能會死。

我在四周移動了一會，盡力不理會那些踏著好像間尺的東西，在我身邊經過的五歲小孩後，我的朋友認為要我學懂滑雪，最好的方法是帶我到山頂。他們想到，如果我到了山頂，便要想辦法下來。

我抬頭看克里斯特山，嘗試決定自己選擇甚麼：落在後面，忍受朋友的羞辱——他們很可能永遠都不會忘記我拒絕到山頂；還是頗快地死去和被肢解。結果我選擇了後者。

那座山的邊緣好像鋪滿雪的懸崖，引向一個結冰的地獄。

我壓抑自己的恐懼，用了一個半小時走通常五分鐘便完成的路程。我告訴朋友我想確保自己不會碰到別人；不過，他們擔心我的後面多於前面。一個朋友警告我：「不要走在路的中間。」

我說：「他們在那裏不是有點兒太快嗎？」

「對，他們在移動。」

我可以看到滑雪可以是十分有趣的運動，但當時我不願意「豁出去」，讓自己向山下飛馳。如果你需要每隔五碼便控制自己的速度，便不能好好地滑雪。要在晚飯前到達山腳，你需要將滑雪杖夾在脅下，將雪板向下，一直滑下去——朋友就是這樣告訴我。

滑雪下山的人令我想起熱誠的基督徒。我幾乎想將這一章稱為「以熱情愛神」。熱誠者享受歡慶形式的崇拜，以及很多比較超自然的信仰形式。有這種屬靈氣質的人喜歡在興奮和敬畏的懸崖放手經歷神。

這令熱誠這種屬靈氣質備受爭議。不過，誠實地看聖經，便會清楚看到，有信心的人的經驗包括相當部分的奧祕、歡慶和超自然事件。

我明白很多人的恐懼；超自然經驗很容易變成混亂。我的回應是不否認這一點——這是十分真實的——但我也要指出，正因為這樣，教會必須教導對超自然事物合法和合乎聖經的經驗。如果基督教會不將這些基督和使徒教導及使用的實踐聖化和管理，我們便會令人受到試探，在教會以外經歷這些事情，而這樣他們幾乎一定會接觸到異端。例如：令信徒免受新紀元冥想影響的最佳方法，是教導他們以聖經為基礎的基督教默想。有些基督徒可能否認人的內心渴求那超越，但他們不能壓抑這渴望。我們要不是將神命定我們進入祂同在的方式教導別人，就是讓他們自己跌跌撞撞地進入神的同在。如果我們有這兩個選擇——而我相信事實就是這樣——我最終會怎樣選擇便不成問題了，我們採納早期使徒的操練，以及那些操練的限制。

在開始定義熱誠這種氣質時，我想你記著兩個詞——**奧祕**和**歡慶**。這兩個詞幫助我們明白甚麼能夠給這種基督徒餵養。我們會逐一看這兩個元素。

信仰的奧祕

「加里，我怎能明白神的旨意？」

「有四種方法分辨神的旨意」，我開始說，但心裏卻在想：「**但那是從哪裏來的？**」幸好我說完那句話時想到四個步驟。和我談過話的教師和輔導員中，有數十位都有同樣的經驗。

在另一個場合，我祈禱說：「神啊，我認為辨別你的引導的最好方法，和這並不相符。但如果你真的想我開始這實習，我需要先付清這些帳單。我在這個星期結束時，還需要三百元。」

第二天，我接到一位好朋友的電話。他說：「加里，吉爾和我一直在禱告。我們認為神想我們給你一份禮物。」那禮物是一張三百元的支票。

我們很可能都有類似這兩個情況的經驗，要不是付出的一方，便是接受的一方。有時我們可能使用神給我們的禮物，並說一些似乎很深奧的話，然後想到：「那究竟來自哪裏？」或者我們的一個禱告奇迹地得到應允，不可能是出於巧合。

我們不能否認一個事實，基督教有「神祕」的一面。我們敬拜和事奉一位超自然的神，祂以超自然的方式向我們顯現。從這個意義來說，每個基督徒都有一些熱誠者的標記。但熱誠者因為他們的**氣質**而特別能夠從這些經驗中得到餵養。熱誠者渴望保存信仰的奧祕。他們明白有些關於神和基督教的事情是我們不能完全明白的。這種理解植根於反智時，便會有危險。但如果這種理解植根於謙卑，植根於明白神是靈，而我們是肉體，因此是神而不是我們在控制一切，便是對不對等的雙方那了不起的關係的健康回應。

接受信仰的奧祕既有優點，也有危險。因為雖然聖經裏有很多奧祕和超自然活動，但也有嚴厲的警告，要我們避免不恰當的表現，這些表現通常被稱為「靈性」(spirituality)。因此，在討論奧祕的祝福前，讓我們先看一些警告。

警告

很多靈性的表現都是聖經明確禁止基督徒進行的，包括申命記十八章10至12節列出的那些：令兒童經火、行巫術、占卜、觀兆、用法術、行邪術、交鬼和接觸死人等。聖經的話是清楚的：「凡行這些事的都為耶和華所憎惡。」外邦國家倚靠這些事物，但屬於耶和華的百姓則應該倚靠來自先知、[1]最終來自耶穌基督[2]的啟示。

第二個警告可以從認識神是創造主推論出來。神給我們健全的頭腦和牢靠的聖經啟示。這些完全不比「聽到神的聲音」次等。提出不同的看法，是將身為創造主和身為救贖主的神加以區分。我們大概都遇過一些基督徒，他們需要「問神」，自己應不應該外出吃飯，或者應該沿哪條路駕車回家。

我們問：「想到外面吃個漢堡包嗎？」

他說：「等一下」，然後轉過身，低下頭。安靜了一會後，他回答說：「不去了，我不能去。」

「為甚麼？」

「神吩咐我不要去。」

我們更有可能遇到一些基督徒(或者是我們自己！)，他們效法基甸，放下一塊「羊毛」，然後才接受一份工作或採取某個行動。神對基甸的羊毛所做的事，在聖經裏明顯表達是神對基甸的遷就，而不是要我們遵從的規則。不過，無論好壞，我們裏面似乎有些東西，是不單需要理性來引導我們。

我們怎樣平衡奧祕和理性？掃羅王的失敗便是一個很好的教訓。

掃羅不服從清楚的啟示，因為感到「受到催迫」而自行獻祭，結果惹來很大的麻煩。[3]神給我們頭腦，祂並不因為我們運用腦袋而輕視我們；但如果我們忽略腦袋，神便會發怒。神當然不期望我們毫不猶疑地接受任何催迫，特別是在那催迫和寫下來的啟示有抵觸的時候。

祝福

除了聖經的警告外，「奧祕」也以很多方式成為信仰的一部分。三個特別要提的是使用夢、期望和禱告。

夢

神活動的其中一個方式是透過夢，以前和現在都是這樣。事實上，很多和我談過話的基督徒都可以指出自己生命中一兩個特別重要的夢。

幾年前一個晚上，我快要結束在西岸的假期時，從一個特別清晰的夢中醒來。我夢見我當時的上司辭了職，我看到他的繼任人，那是一個身材瘦削，有淺色頭髮的男士。我醒來時，熱切地禱告，並不時想到那個夢。在第二天早上，我將那個夢告訴太太。

我回到工作崗位後，得知在我做那個夢的同一晚，機構要求我的上司接受另一個崗位，他們會聘請一位新主席。他認為這是不能接受的。經過多番交涉後，他最終辭了職。幾個星期後，機構委任了繼任人。那是一個身材瘦削，有淺色頭髮的男士。

為甚麼我有那個夢？它至少有兩個目的。首先，那個夢容許我在一個我關心的人感到很沮喪時為他禱告。其次，那個夢預備我接受生命中快將來到的重大改變。我有更多時間預備接受那些後果，雖然我沒有從任何「世俗」的方式知道正在發生甚麼事。

我也和很多在睡夢中聽到神的聲音的基督徒談過話。夢可能提供清晰的指引，為正在發生的衝突帶來新的洞見，給予鼓勵或責備。有很多人都因為這些經驗，信心得以增強。

神透過夢向人說話有很強的聖經根據。神透過夢向雅各、約瑟、所羅門和但以理說話。[4]約珥預言神的靈向信徒傾出時，「你們的老年人要做異夢，少年人要見異象」。[5]

新約也講述神透過夢向人說話，包括約瑟和三博士。[6]新約也有幾個異象。這些異象和夢是不同的，看見異象的人是清醒的。保羅、亞拿尼亞、哥尼流和彼得都見過異象。[7]

神透過夢說話也符合神的本性。祂總是不放過我們，即使在我們睡覺時仍然向我們說話，證明祂無限和不受限制的本性，相對於我們有限和受限制的存在。神有很多話要向我們說，但我們往往忙得無暇聆聽。我們的思想在白天傾向太專注於其他事情，有時我們也忙於按自己的想法向神禱告，失卻了聆聽的耳朵。夢可以是神「介入」的一個方式，向我們傳達一些我們日間可能不會開放自己去聆聽的事情。

但這一切都必須有限制。我永不會接受與聖經的啟示有抵觸的夢。我不會單根據一個夢而作出重要的決定。但我發覺，如果我開放自己在夢中接受一些東西，神可以就某個情況給我一些洞見或警告。

神透過夢說話，在教會歷史的根據和在聖經中的根據同樣強。奧古斯丁的母親做了一個夢，夢見他那不羈的兒子歸信基督教。這個夢啟發她不住為奧古斯丁禱告，直到他歸信基督。好像殉道者游斯丁(Justin Martyr)、愛任紐(Irenaeus)、亞歷山太的革利免、特土良、亞他那修、大巴西流、拿先斯的貴格利(Gregory of Nazianzen)、女撒的貴格利(Gregory of Nyssa)、屈梭多模、安波羅修、奧古斯丁、耶柔米和很多其他教會的傑出人物，都以不同程度接受神透過某些夢說話這個觀念。[8]

約翰．衞斯理在日記中寫道：

> 關於異象和夢，我要說的是：我認識幾個人，他們那重大改變是由基督在十字架上或榮耀中在他們夢中作成，或者在他們的內心強烈地向他們的眼睛再現。事實就是這樣，讓人們隨自己喜歡作出判斷吧。[9]

二十年後，衞斯理承認很多人對夢感到恐懼，他也承認撒但可以「模仿」合法的夢。不過他仍然相信夢有它的地位。

> 那危險是過分重視不尋常的情況……或許那危險是太不重視，甚至譴責這些情況；將它們想像為完全沒

有神在其中，而且妨礙神的工作。但事實是……為了給那些相信的人力量和鼓勵，令神的工作更明顯，〔神〕賜給其中一些人神聖的夢，賜給另一些人出神和異象。[10]

如果我們為了夢本身而尋求夢，便會由真正的基督教墮進流行的通靈。另一方面，由於某些東西被濫用而完成否定它，也不大合理。

讓我們研究一些對我們的夢有幫助和保障的做法。

聆聽的重要。很多人都不留意自己的夢，因為他們排除神可以透過夢說話的可能性。而事實上，我們大部分的夢都不是來自神的信息——我們稍後會更詳細討論這點。雖然如此，但聖經和歷史上都那麼普遍地使用夢，基督徒至少應該考慮神這樣向我們說話的可能性。如果我們不聆聽，可能會錯過了重要的警告或指示。

寫札記的重要性。如果我們不記下來，大部分的夢都會在幾分鐘內便忘記。寫札記顯示我們對神的引導認真，也給我們機會思想和判斷我們所聽到的話。寫札記也可以幫助我們向別人解釋自己的夢，讓我們找出自己對夢的解釋有沒有自欺。

意義的重要性。在我生命中，神藉以向我說話的夢都有十分清楚的「解釋」。如果神在說話，我毋須找出夢的意思，我醒來時已經能夠明白。這是十分重要的，而且有聖經作為先例。在聖經中，在信仰羣體以外的人，例如法老和尼布革尼撒，都需要信仰羣體中的人（分別是約瑟和但以理）向他們解釋他們的夢。[11]但屬神的人，例如約瑟和保羅，他們卻似乎在醒來時已經十分清楚夢的解釋。[12]

因此，我們必須在透過精神分析和象徵來「解釋」夢的學派，以及聖經對在醒來時接受夢和夢的意義這個聖經的理解之間作出區分。如果在醒來時解釋並不清楚，便要對得到的洞見存疑，等待進一步的確定。

羣體的重要性。試圖在基督的身體以外於基督徒靈性的這方面成長，絕對是危險的。如果沒有聖經真理的牢固基礎作為我們的絕對標準，沒有基督教傳統和歷史給我們的普遍引導，沒有當代信徒向我們問責，我們會很容易走錯路。如果你沒有和任何地方教會有連繫，要在屬靈上成長，你第一件要做的事是找一間教會。

視角的重要。你開始接受神可能透過夢向你説話時，可能會發覺自己記得的夢比以前多得多。事實上，在醒來時重溫自己的夢這個過程，已經會開始令你在幾天後更留意那些夢。不過，由於我們每晚都做夢，透過夢去聆聽的操練可以變得相當危險。以下就是原因。

特土良相信夢有三個來源：我們心靈的自然工作、魔鬼和神。[13]我們心靈的自然工作很可能佔了我們百分之九十八或以上的夢，其餘兩類則佔餘下的百分之二。如果我們採納特土良指夢有三個來源這個見解，便會發覺這三個來源中，有兩個來源都可能令我們誤入歧途。如果夢是我們心靈的恐懼、夢魘或焦慮的自然表達，我們肯定不想讓這些恐懼和焦慮引導我們的人生。甚至我們心靈的盼望也可以令我們走錯路，如果我們個人的夢想和神對我們的旨意有衝突。

而且，至少根據特土良的看法，由於撒但可以利用我們的夢來偽裝成光明的天使，我們對自己接受甚麼，必須特別小心。我讀過一個故事：一位女士讓基督徒輔導員研究她的夢。而輔導員表示那個夢的帶領是要她尋求離婚。正是這種事情令我對「解釋」夢感到那麼不安。不單夢的來源有可疑，我們的解釋也是可疑的。聖經對離婚的合法理由明確地給予非常嚴格的限制，我們一定不應該利用夢來反對聖經清楚的教導。

在聖經中，神清楚地使用夢，而我從自己的生命和別人的經驗中，也發覺神今天可以繼續有限度地使用夢；但我們必須避免將我們的信仰化約為每早醒來時想到：「唔，神昨晚告訴我甚麼呢？」這明顯是濫用神偶然用來引導祂百姓的做法。如果我們想聆聽神，應該首先看聖經。

夢也可以指示我們到活出我們那「神祕」的信仰的另一方面，那就是期望的重要性。

期望

讀大學時，我每個星期五都和一些學生在宿舍的頂樓聚集，一起禱告。我們稱那些聚會為「樓房」。那些時間有力地為我們星期五晚的校園聚會作準備。

這些長時間禱告的其中一個重要元素是期望。我們期望神想做一些事情，而祂往往也滿足那些期望以及一些其他事情。我們禱告的主題往往成了星期五晚上聚會的主題，或者和那主題相同；即使是在計劃聚會的人根本不知道我們在校園為著甚麼事情禱告的時候。這種事情經常發生，以致我當時的女朋友，也就是我現在的太太，在我們走去參加聚會時經常問我：「我們今晚會聽到甚麼？」

熱誠者的信仰「需要」有這種期望。計劃好，沒有邀請神在其中活動的節目——即使祂應該傾向這樣做——會顯得窒悶得不能忍受。

問題是教會作為機構，需要有一些界限。如果每個覺得自己受到神感動的人都衝口說出一些意見或指示，教會的聚會很快便會變得好像嘉年華會。保羅在給哥林多人的信中詳細處理這個問題。正因為這樣，我通常都鼓勵熱誠者將期望融入他們個人的生命中，也就是他們從星期一到星期六與神的同行中。

要培養期望的奧祕，熱誠者最好在醒來時求神帶領某人到他們那裏，讓他們可以事奉對方。這種警醒的感覺，無論是帶來佈道的機會，還是讓他們有機會鼓勵沮喪的信徒，都會為熱誠者的信仰帶來活力，因為他們看見神以可見的方式活動。

「真實世界」的需要是很大的，而神也知道。藉著與神合作，我們可以以超自然的方式活動。我走過商場，幫助朋友選一隻小熊，放在他未出生的兒子的棺木時，以全新的方式感受到這種活動的真實。我們的心都撕裂了，嘗試與不同的店員展開正常的談話，但我們的情感卻受了傷，受到重創，很想哭。

我突然想到，每次我走進商場，都可能有人的感受會好像我和朋友那天的一樣。或許他們剛發現自己患了癌症，或者自己喜愛的親人患了癌症；或許他們正經歷離婚，或者父母正在離婚。某人的配偶可能剛被遣散或辭退，另一個人的配偶則可能有婚外情。人們生命中可能正發生任何嚴重的危機，但我們因為忙碌，缺乏期望，所以錯過了以超自然的方式服事別人的機會。

屬靈的冒險是培養這種期望的另一種方式。與陌生人談話，希望向對方傳福音，或者在不熟悉的環境勇敢地踏出一步，都可以加強熱誠者的信心。在這裏我們不想犯放肆這種罪，彷彿神有責任每天或每月都給我們這種令人興奮的事情。但另一方面，自滿和不冷不熱的罪並不比放肆輕。

要願意給自己一點壓力。不要在自然的障礙似乎不能克服時便逃避。在自己的生命中製造空間給神活動。如果財政緊絀，而你又需要花一大筆錢購買一件物件，先給神機會供應你所需。如果財政充裕，便要開放自己，留意有甚麼提示，要你滿足別人的需要。

禱告

有沒有甚麼比禱告更神祕？禱告推動我們求告一位我們看不見的存有，要求祂改變我們能夠看見的。熱誠者需要在生命中創造禱告的空間，學習相信神會以意想不到的方式來到。

不過，有一個奧祕的元素，是很多熱誠者有時都會反抗的，這就是禱告不蒙應允的奧祕，或者更正確地說，是禱告得到「不」這回答。由於神有時以「是」回答我們的禱告，這種回答可以令人上癮，特別是熱誠者，他們會上癮到一個地步，開始要求神對所有禱告都給予「是」這回答。如果禱告並不是以我們期望的方式得到回應時，我們可能錯誤地假設一定有隱藏的罪，缺乏信心，或另外一些細微的事情，於是便花很多時間進行沒有結果的自省。

有一句話以前已經說過，但值得在這裏重複：要求神給我們所有禱告「是」這回答，是要求祂的全能（能力），而不要祂的全知（知識）。回顧起來，我感謝神不應允我的一些禱告。信心的奧祕呼召我們愛和事奉一位我們並非總能夠明白的神。熱誠者在結果令他們滿意時心裏歡喜，而神以令我們謙卑下來的方法回應我們。不過，當奧祕帶領我們相信神保持沉默、不置可否或者甚至是殘酷時，便不大令人興奮了。奧祕就是奧祕。

它本身有令人興奮的元素，但也有令人沮喪的元素。我們不能期望只有其中一樣，沒有另外一樣。

我們需要成熟，所以很可能每一個熱誠者都要經歷禱告不蒙應允的幽谷，在那裏期望變得乾枯，惟一的奧祕似乎是神隱藏起來的地方。要明白這是通往聖潔的必經之路，而這條路通常都有一個終點——但是得依照神的時間安排。

歡慶的行動

除了奧祕外，熱誠者也從歡慶得到餵養。讓我們看一些歡慶可以納入並培養我們的信心和崇拜的方法。

我永不會忘記那個早上，我完成了自己第一本出版的著作。我已經寫了九年，為那一天作準備。我的一些文章和計劃曾經被拒絕達一百五十次之多。經過無數錯誤的開始，並完成了一些從沒有出版商接納的書後，我終於為一份有合約的手稿作最後潤色。

那時還是清晨，辦公室裏只有我一個人。我對神賜給我的東西感到驚訝。祂給我力量堅持下去，給我超乎我本身能力的洞見，並為我開路，讓一間出版社和我合作。包好那手稿，準備寄出時，我花點時間以自己多年以來都未用過的方式在神面前歡慶。我記得幾年前的早上，我醒來時感到神催促我：「寫作，寫作，寫作」，但我抱怨說：「為了甚麼？沒有人會讀我的書！」

但現在神已經介入。我對這些呼召都感到熟悉：犧牲娛樂，即使有疑惑仍堅持下去，不屈服於要遲起牀的欲望——但現在我來到有趣的部分了。

現在是時間盡情歡樂。

認識我的人都知道，歡慶的呼召對我來說可能比犧牲的呼召更難服從。我天生不是歡慶的人。我很可能強調福音對我們生命的呼召，多於強調福音的好處。這就是我的天性。但我嘗試向熱誠者學習。我嘗試明白怎樣和別人一起喜樂地承認，我們事奉一位絕對是奇妙的神，所以有很多值得歡慶的事情。

歡慶可以有很多不同形式，這個題目已經夠寫一本書，所以我們在這裏只討論幾個很重要的例子，包括熱誠地崇拜、花時間與孩子一起，以及做富創意的事情。

熱誠地崇拜

歡慶在聖經裏有大量的背景支持。舊約至少規定了三個主要的節期——逾越節、五旬節和住棚節，還有其他幾個宗教性慶祝。這些都可以是精心計劃的事情。例如：住棚節包括為期七天的筵席，在其中神命令以色列人歡樂。[14]

有計劃的歡慶也會被個人、自發的歡慶取代。合神心意的大衛在約櫃面前熱情地跳舞，他的妻子因此而鄙視他時，他回答說耶和華已經揀選了他，他會以歡慶作為回應，「也必更加卑微」。[15]

大衛也委派歌手和樂師，讓他們可以敬拜和「歡歡喜喜地大聲歌頌」。[16]有音樂、歡慶的敬拜是大衛時代的標記：「大衛和以色列眾人在神前用琴、瑟、鑼、鼓、號作樂，極力跳舞歌唱。」[17]多年以後，以色列人仍然使用大衛時開始使用的樂器。[18]

耶穌也鼓勵人們使用歡慶形式的崇拜。祂和門徒不單唱詩；[19]在基督進入耶路撒冷時，宗教領袖因為羣眾高聲歡慶而抱怨，但耶穌卻說：「我告訴你們，若是他們閉口不說，這些石頭必要呼叫起來。」[20]

這種歡慶的方式也延續到新約使徒時的崇拜。使徒行傳二章預告用方言説話、接受異夢、見證異象和經歷奇事。保羅和西拉在獄中歌唱，保羅也勸勉以弗所的信徒在崇拜使用詩篇、頌詞、靈歌。[21]

根據啟示錄，在天上的崇拜包括「大聲喊叫」，以及羣眾大聲説：「哈利路亞！」[22]

這一切都告訴我，我不願意熱情地歡慶是個人的弱點，多於成熟的表現。那是我需要克服而不是引以自豪的東西。耶穌説「我告訴你們，若是他們閉口不説，這些石頭必要呼叫起來」時，我折服了。今天我們比耶穌在被釘十字架前進入耶路撒冷時，更有理由為復活的基督歡慶。

不過，歡慶者也要接受一些警告。雖然使徒參與超自然活動，但他們仍然感到需要在崇拜中包含正式和有規秩的宗教禮儀。[23]保羅強調秩序是十分重要的。[24]而啟示錄十九章20節告訴我們，神蹟和奇事既能夠啟發人，也能夠欺騙人。而且，西門因為尋求超自然恩賜，而不是尋求賜下恩賜的那一位，受到責備。[25]

我們也必須指出，歡慶的崇拜必須仍然包括敬畏。在約櫃被帶回以色列時的歡慶中，抬約櫃的人雖然抬著很重的約櫃，但心情肯定是輕鬆的。節慶的音樂——用鈴鼓、豎琴、鈸和號角演奏——充滿空氣中。大衛和以色列人「極力」慶祝。在這歡樂的慶祝中，約櫃稍為搖動，烏撒忘記了自己抬的是甚麼，伸手觸摸約櫃，立即當場死去。[26]

在歡慶中，我們很容易忘記神是多麼可怕和可畏。不過，沒有敬畏，歡慶便會變質為淺薄的瑣事。有趣的是，我們留意到在較後一首記錄在歷代志上十六章的詩，是在烏撒死後寫的，大衛在這首詩中包括了歡慶和敬畏：「要向他唱詩、歌頌……全地要在他面前戰抖。」[27]大衛得到教訓：歡慶永遠不能失卻以撒所說的以色列的「懼怕」。

歡慶的行動提醒我們，我們有很多事情需要感恩。神是配得極大讚美的，除了相信祂的人外，還有誰會高唱這讚美？五世紀希臘有一羣稱為「不眠者」的修士。他們經常整天整夜不住地讚美神。我們大部分人都沒有力量這樣做，但讓我們謹記，神配得甚至超乎這樣的崇拜。即使我們最好的（雖然是祂接受的），也總是遠遠不及神配得的。歡慶不單是責任，更是榮幸。歡慶的崇拜帶來喜樂，而喜樂是帶來屬靈力量的基本美德。[28]

花時間與孩子一起

對那些失去歡慶的能力或傾向的人來說，花時間與孩子一起可能是重拾我們信仰的喜樂和奇妙的一個好方法。

我在一條沉悶的公路上駕著車，聽著收音機那些愚蠢、喋喋不休的話；但神透過我那時只有五歲的女兒的聲音闖進我的思想。聖誕節快到了，我聽到阿利森說：「爸爸，神變成小嬰孩，不是很奇妙嗎？」

阿利森的驚訝和喜悅令一個我們太熟悉的真理回復它光輝耀眼的美。她以自己的驚訝和詫異注入我的聖誕節；那絕對是我收到的最佳聖誕禮物。

耶穌說：「你們若不回轉，變成小孩子的樣式，斷不得進天國。」祂也說：「讓小孩子到我這裏來，不要禁止他們；因為在天國的，正是這樣的人。」[29]熱誠者可以按字面解釋這些經文，藉著觀看兒童學習愛神。從這個意義來說，在教會義務照顧小孩遠遠不單是事奉；它本身也是崇拜的經驗。

生命的擔子、要求和責任可以妨礙成年人的團契。有時成年人的戲謔也令人沮喪。花時間與小孩一起，是得到新視角的好方法，也可以讓我們記得生命仍然有盼望、應許和喜樂的時刻。

如果你的兒女已經長大，拿出一些舊照片簿，為神在過去那麼多年所做的事而驚歎吧。讓嬰孩長成成熟的女人或男人這事實號召你回到生命的本質，永恆的事物中。

創造

我應邀做的其中一件比較困難的事情是，為一個死於愛滋病的年青人主持葬禮。他從沒有結婚，沒有兒女，而且由於他犯罪和被捕的次數多得可以填滿電腦的屏幕，他最終死於獄中。他生命的最後幾年實在是折磨；而且他沒有海洛英便不能夠生存(愛滋病毒就是這樣傳到他身體)。

這個年青人本來很有前途，但卻在沒有甚麼成就時已經死去。基督徒正確地相信生命是神的恩賜——是我們不應該浪費的。我們利用神賜給我們的生命來創造其他事物，藉以為神歡慶。無論那是建立一門生意，寫一首詩，畫一幅畫，或種植一個花園，創造可以是十分神聖的經驗。這些活動遠遠不單是嗜好，更可能是崇拜的有力表達。對上癮其中一種最有力的解藥是參與不同的活動，令上癮的人脫離自己的限制，從事正面、有建設性的創造性活動。

健康的基督徒都從事創造。創造是我們神的本性。創世記一章介紹祂是萬物的創造主。啟示錄結束時給我們的其中一幅圖畫是神創造新天新地。聖經實際上是圍繞神的創造行動建立起來的。

有神的靈住在我們裏面，我們也需要創造。我創造的東西不會和我太太或孩子相同，但我們所有人都應該參與創造的行動。我們受造正是為此。

當我們視創造為崇拜的行動時，較好的做法是選一些你擅長的東西，或者至少是你傾向從事的事情；挫敗很容易妨礙敬拜。在不墮進完美主義的情況下，我們可以盡力令一些東西為了神的榮耀而發出光輝。神將思想、雙手、力量和技巧賜給你，你應該做一些東西，將那思想、力量和技巧獻回給神。

細心思想你可以怎樣與神合作，帶來一些新事物——可以怎樣令風景得以回復；怎樣用新的教育課程令年青人重拾生命及盼望；怎樣用雕塑反映屬天主題的美麗；怎樣以整容手術為嚴重畸型的兒童帶來新生。

熱誠者與讀經

我們討論過的奧祕和歡慶元素對我們怎樣讀經也有影響。雖然每個信徒都必須有良好、紮實的讀經計劃，但熱誠者可以藉著加入奧祕和歡慶，為讀經加添趣味。讓我們花一段簡短的時間討論熱誠者可以怎樣為自己的日常讀經「充電」。

熱誠者必須留心，要保持良好、紮實的聖經訓練作為基礎。而好消息是，恩德曉認為，崇拜的靈有三種天賦，而熱誠者在其中兩種都特別出色。這三種天賦是：感情、想像和理性的頭腦。感情和想像都可以幫助熱誠者建立第三方面——理性的頭腦。[30]

在這種研究聖經的形式中，基督徒運用感情和理性思想聖經的一幕情景，或者聖經提出的一個真理。我們可以運用想像將自己置於那情景之中，例如我們可以看著耶穌呼喚小孩聚集到祂周圍，想像如果自己是其中一個小孩，或者其中一個家長，情況會是怎樣的。

想像也可以用來思想怎樣將聖經的教導在自己的生命中實行出來。聖經呼召我們溫柔時，我們想像自己以溫柔的方式回應小孩、配偶或同事。如果聖經呼召我們面對特別艱難的事情，例如要求別人饒恕或承認某種罪，我們可以懷著禱告的心，想像那事情發生於有基督在附近安慰我們，給我們勇氣面對現實生活的時候。

運用想像力和感情可以將我們接受的教導「付諸行動」，幫助我們更長時間地謹守那些教導；也可以幫助熱誠者以特別適合他們氣質的方式研讀聖經。

聖厄德（Saint John Eudes）教導門徒研讀福音書時，先重構那事件（想像）；然後辨別出意義（思想）；再以恰當的感情回應——無論是敬拜、悔罪或其他（內心）；最後以堅定的委身（意志）結束。[31] 這是研讀聖經的一種完滿和整全的取向，運用了我們的所有天賦。

熱誠者的試探

雖然熱誠這種氣質有很多令人興奮的優點，但也有一些固有的弱點，是需要警告熱誠者加以提防的。

為了經驗本身而尋求經驗

單為了經驗奇迹而尋求神奇的經驗，令我們變成屬靈的吸毒者，只想變得「興奮」。這本書是關於學習愛神，而不是學習加入屬靈馬戲團。

熱誠者需要特別謹慎，要真誠地尋求神和愛神，而不是尋求新經驗。如果我們為了「屬靈經驗」而尋求屬靈經驗，那些經驗可能會變成邪惡，並為邪惡所用。

變得獨立

熱誠者或許比任何其他氣質的人都更需要植根於強而有力、能夠向個別信徒問責的教會。沒有教會監督的超自然經驗肯定會帶來災難。莫頓 · 凱爾西 (Morton Kelsey) 寫道：「每個人的宗教意見都有同樣價值這個觀念是一派胡言，因為有一整套知識是受過時間的考驗，而且可以由教會傳遞給信徒的。」[32]

聖經可能是我們最終的權威，但忽略從過去的信徒那裏學到，並由現在的信徒應用的智慧卻是愚蠢的。使徒保羅經歷過的屬靈現實是我們大部分人只能夠夢想的，但他卻確保自己順從耶路撒冷的使徒提出的建議。

將「良好的感覺」等同「良好的崇拜」

純粹的崇拜是我們意志的行動，在其中我們將自己的效忠、讚美和感恩獻給神。單因為我們在崇拜時有良好的感覺，並不表示我們已經以恰當的方式獻上我們的意志。反過來說，單因為我們感到沮喪或「平淡」，並不表示我們沒有有效地敬拜神。

感覺出現，然後消失。熱誠者不應該因為享受感覺而感到歉疚，但卻應該避免倚賴感覺。

你是否熱誠者？

你是否熱誠者？為以下的話評分，由一至五分。五是最能夠形容你的，一是最不適合用來形容你的。將分數記錄在空位上。

______ 1. 我的心向上升騰，我覺得自己想爆發，整天敬拜神，呼喊祂的名字時，感到與神最親近。為神和祂的愛歡慶是我喜歡的崇拜形式。

______ 2. 神是令人興奮的神，我們應該對崇拜祂感到興奮。我不明白為甚麼有些基督徒說自己愛神，但在走進教堂時卻好像去參加喪禮一樣。

______ 3. **歡慶**和**喜樂**這些詞語十分吸引我。

______ 4. 我會喜歡參加工作坊，學習透過舞蹈來崇拜，或者參加幾堂以現代音樂來進行的崇拜。我期望神以意想不到的方式行動。

______ 5. 我會享受閱讀《與神同行的奧祕和興奮》(*The Mystery and Excitement of Walking with God*) 這本書。

______ 6. 我花在音樂和崇拜錄音帶的金錢比花在書籍上的為多。

你的總分是：______

十五分或以上顯示你傾向有這種屬靈氣質。請花點時間將你的分數記錄在二百一十九頁的第十一章上，便可以有一幅綜合的圖畫，看到你心靈通向神的路徑是怎樣的。

熱誠者的信息

有時生命可以將喜樂從我們裏面擠走，比它能夠給我們補充喜樂來得更快。有一次，我和一位朋友談話，他有實際的財政困難。他掙扎了很久後，情況開始有點改善。不過，正當他重拾盼望時，他任職的公司卻從顧問那裏得到一份檢討報告，取消了他的職位，給他另一個收入低很多的職位。

面對這樣的轉變，實在很難保持積極和熱誠，這樣做甚至顯得並不恰當。因此，熱誠的氣質往往顯得惹人討厭、天真或不成熟。有些犬儒的人可能會說：「等他們掙開雙眼時，他們便不會那麼積極了。」

在我寫作生涯的早期，我曾經和一位有著作出版的作者談及一個寫作計劃。他對出版那本書大潑冷水，說我只是在浪費時間。一位牧師聽到我們的談話。我不認識他，但我永遠都會記得他的話。他說：「不要放棄。如果神呼召你這樣做，那是會實現的。」

對我來說，那位牧者發出熱誠者的聲音。在犬儒和沮喪的世界，熱誠者指向信心、奧祕和期待。當情況顯得沒有希望時，熱誠者說：「神**真的**準備行動了。」神並不總是以我們期望或希望的方式行動，但沮喪和犬儒會掩蓋真信心，正如盲目的樂觀會掩蓋真正的人生一樣。

有時神確實以奇怪和有力的方式行動。人們奇迹地得到醫治；生命戲劇性地改變；透過超自然事件，人心即時受到挑戰、被折服和得到鼓勵。

我一位朋友於會議期間在供禱告的地方哭泣，知道神呼召她放開為孩子而有的恐懼，將他們交託給神。她坐在那裏禱告時，一位按常理完全不可能知道發生了甚麼事的牧師關切地走上來說：「要這樣說，真的令我感到緊張，但我相信神想你聆聽這段經文。」

牧師翻到哈拿獻上撒母耳的經文。我的朋友被懾服，知道神明白她的心，正在給她指引。

我知道，**我的確知道**，在每一個好像這樣有力的故事出現的同時，至少有十幾次是人們誤會了，說了一些蠢話的。但這並不否定聖經和教會歷史都有很多記載，是關於神奧祕和有力地行動，有時對抗整個民族，在另一些時間則只接觸一個人。而我的朋友因為那合時的經文而大受鼓勵。

我自己並不是熱誠者。我喜歡在樹林一邊默想一邊散步，多於高聲地歡慶。我寧願抓緊一段聖經經文的真理，也不願意聆聽夢的信息。但我需要承認，我歡慶神的程度，及不上祂配得的十分之一。我有一種有罪的傾向，會墮進實踐的「無神論」，雖然相信神，但卻不期望祂以超自然的方式行動。

我相信熱誠者有寶貴的恩賜和特別的呼召，我希望他們永遠不要停止歡慶，永遠不要停止相信，即使是在最黑暗的黑夜之中。

第9章

默觀者：
透過愛慕愛神

暢銷書作者兼基督徒輔導員克萊布（Larry Crabb）一生中大概吃過數以千計的社交午餐和晚宴，但其中一次在他心中會一直都佔據特別的地位。克萊布在比奧拿大學（Biola University；位於加州）一個關於屬靈旅程的會議中演講。期間他和維真學院（Regent College；位於溫哥華）的教授侯士庭（James Houston）博士一起吃飯。克萊布說：「我和他一起時……感到有些東西從他那裏出來，觸及我靈魂的某部分，是沒有經常被觸及的……我去到自己的睡房時哭了起來。我跪下禱告說：『主啊，為了認識祢是誰，我願意付上任何代價。』」

我在維真學院的刊物讀到這次相遇時，發出會心的微笑。我在維真學院上侯士庭博士的課時也有相似的經驗。那些獻身於認識神的人能夠以十分深刻的方式觸動我們的靈魂。

侯士庭博士的體型、談吐和性格都是典型的英國紳士。當維真學院在兩座相連的古老房子中建立起來時，侯士庭博士穿著襯衣、結著領帶撕去舊牆紙。你看著他時，他沒有甚麼「神祕」或柔弱之處；但我記得自己坐下來，聽到這位男士坦率和公開地講述「與神手牽手」時感到多麼著迷。

與神手牽手？

「就好像一對戀人甚麼也不做，只凝視著對方雙眼；我們也滿懷愛意凝視我們的天父，心裏滿足地充滿喜悅。」

我在侯士庭博士介紹我認識阿維拉的德蘭(Teresa of Avila)之前聽到這些話。我當時的禱告生命包括不斷加長的代禱清單。我分別在不同的日子為清單上的不同事情禱告，讓自己有足夠時間在禱告中「搏鬥」。但侯士庭博士談及的禱告和搏鬥完全沒有關係。他在談及牽手，和他所說的建立一種「轉化的關係」。這是第一次有人向我介紹默觀的方法。

默觀者尋求實行愛神這最重要的工作。他們認識的神是天上的配偶，他們也這樣描述祂。默觀者在神裏面找到自己所有的喜悅。有些人尋求事奉主，另一些人尋求為主歡慶，還有些人尋求要解釋主，但默觀者則尋求懷著愛意凝視神的臉，被帶到戀人經驗的狂喜中。

聖經對默觀者的描述

對默觀者角色的其中一個很好的描述，是摩西對便雅憫支派的預言／描述：「耶和華所親愛的必同耶和華安然居住；耶和華終日遮蔽他，也住在他兩肩之中。」[1]

「住在神兩肩之中」是默觀者喜歡的消遣。他們想享受神，學習以更深刻的方式愛祂。默觀者提醒我們，神並不尋找服從但沒有熱情的僕人，而是尋找熱情的愛，是強烈得會燒毀所有其他連繫的。甚至舊約也描述神和祂揀選的百姓之間那愛的關係。

> 耶和華專愛你們，揀選你們，並非因你們的人數多於別民，原來你們的人數在萬民中是最少的。只因耶和華愛你們，又因要守他向你們列祖所起的誓，就用大能的手領你們出來，從為奴之家救贖你們脫離埃及王法老的手。[2]

請特別聆聽大衛的詩篇六十三篇一些主要的段落。

> 神啊，你是我的神，
> 我要切切地尋求你，
> 在乾旱疲乏無水之地，我渴想你；
> 我的心切慕你……
> 因你的慈愛比生命更好，
> 我的嘴唇要頌讚你……
> 在夜更的時候思想你……
> 我的心就像飽足了骨髓肥油，
> 我也要以歡樂的嘴唇讚美你……
> 我心緊緊地跟隨你。[3]

雅歌雖然清楚地認可夫妻間深刻和激情的愛，但傳統上也經常被理解為描述神和祂百姓之間那愛的關係。好像以下的經文談及這種持久、「手牽手」的愛。

書拉密女宣告說：「他帶我入筵宴所，以愛為旗在我以上。求你們給我葡萄乾增補我力，給我蘋果暢快我心，因我思愛成病。」[4]

這份熱情的渴望帶來努力的追尋：「我夜間躺臥在牀上，尋找我心所愛的；我尋找他，卻尋不見。我說：我要起來，遊行城中，在街市上，在寬闊處，尋找我心所愛的。」找到愛人後，書拉密女高唱：「我……遇見我心所愛的。我拉住他，不容他走。」[5]

考慮到申命記六章5節給信仰羣體的命令：「你要盡心、盡性、盡力愛耶和華——你的神」，這些坦率和無所顧忌的話不應該令我們感到驚訝。冷淡和經計算的口惠，對我們的神來說並不足夠。「主說：因為這百姓親近我，用嘴唇尊敬我，心卻遠離我。」[6]

神對祂百姓的愛是那麼強烈，以致以色列人離棄神時，聖經往往將那行動比喻為犯姦淫。在耶利米書，神深情地記得祂與以色列那愛的關係。「你幼年的恩愛，婚姻的愛情，你怎樣在曠野，在未曾耕種之地跟隨我，我都記得。」[7]神對我們的拒絕有那麼強烈的感覺，以致我們離棄祂時，祂的痛苦並不比發覺妻子不忠的丈夫為輕。我們可能以為「神不需要我！」從實際的角度說，祂毋須需要我們，但祂選擇需要我們，因此祂對我們的拒絕或熱情的回轉都有深刻的感受。

我曾經以為基督教是關乎順服，而最終的問題是我最後會到天堂還是地獄。變得成熟後，我發覺基督教是關乎與天父的親密，而順服是我懷著愛與神交往時必須走的路。我開始較少將天堂和地獄理解為地方，而更多地將它們理解為與神團契或分離的描述。（當然，我是以象徵的語言來說。除了這個關係的意味外，天堂和地獄真的是分開存在。）

可惜在信仰的歷史中，一些本意是良好的男女都不能掌握與神這種愛的關係的深刻和呼召，寧願將信仰變為甚麼可以做，甚麼不可以做的倫理清單。這種沒有愛慕的生硬順服並不是耶穌表述的信仰。一個婦人將大量昂貴的香膏倒在基督頭上時，有些門徒激烈反對，但耶穌為她的行為辯護，說那是愛的奉獻，甚至比施予給窮人更可取。這行動是那麼充滿崇敬和愛，在耶穌眼中是那麼值得接受，以致祂承諾：「普天之下，無論在甚麼地方傳這福音，也要述說這女人所行的，作個記念。」[8]

默觀者被別人誤解和論斷是常有的事。馬大忙於服事耶穌，但卻受到責備——不是因為她的服事，而是因為她論斷馬利亞這個默觀者。[9]耶穌不會令馬利亞從滿懷愛意凝視她的主這個呼召分心。

行動主義者可能很難接受默觀者。傳統主義者可能認為默觀者淺薄。理智者可能認為默觀者的崇拜是奧祕。熱誠者可能認為默觀者的崇拜很沉悶。但對神來說，默觀者的崇拜是祂珍惜、重視，並認為是值得的。

神所愛的人

很快地看一下默觀者在歷史上的角色，有助我們更了解這種屬靈氣質。從歷史來說，人們將「積極的默想」和「注入的默觀」加以區分。在積極的默想中，基督徒努力尋求神。而注入的默觀則更是**對**基督徒所做的事情；令他們被動地處於一種幾乎是沒有知覺的經驗之中，有人形容這是信心的黑夜，或「不知之雲」。

我們在這裏不能討論這些區分的複雜細節，但重要的是，要謹記**每個**真正的基督徒經驗，從某個意義來說都是「注入」。我們蒙召與神合作，但即使我們對合作的意願，當然還包括合作的力量，都是來自神的恩賜。因此，成熟的默觀是聖靈的工作。神必須以愛向我們傾注，我們才能夠愛。

不過，我們可以藉著在我們生命中清除妨礙我們渴求神的東西，成為積極和合作的媒介。我在《尋求神的臉》中詳細討論了「培養安靜」和基督徒順服的操練；[10]所以，在這裏讓另一位作者給我們提醒吧。梅頓寫道：「事實仍然是，默觀不會賜給那些故意與神保持距離的人；那些將自己的內在生命限制在幾個例行的虔誠練習，以及幾種出於責任而做的、崇拜和事奉的外在行為的人……神不向這些心靈顯現，因為他們沒有以真正的渴望尋求祂。」[11]

較早時我解釋過我每天長達一小時的靈修操練需要有點改變，但我發覺某種靈修時間仍然是必須的，原因至少是要令自己渴望在那天餘下的時間事奉神和討祂喜悅。早上是這樣做的最佳時刻，因為這樣可以以梅頓所說的「真正渴望」影響我那天餘下的日子。

阿奎那 (Thomas Aquinas) 解釋說，一個人愈屬世界，便愈不能有默觀。我們不能令自己愛神，但我們可以為此鋪路。而阿奎那認為，渴望是默觀生命中最重要的事情。[12]

在對基督徒靈性的研究中，真正的默觀實際上是一種基督徒經歷，有開始也有終結的經驗。我們通常不會認為默觀是一種人在其中存在的生命狀態，所以我用這個詞來形容一種屬靈氣質時，是一種借用。

一位作者這樣解釋奧古斯丁對這種經驗的描述：

> 〔奧古斯丁描述〕的默觀行動是「感知一些不能改變的東西」，伴隨著奇妙的內在喜樂。它對靈魂的影響是令靈魂輕視外在的事物，陶醉於內在的事物之中。但經過

明白那短暫的一刻後，靈魂被自己的虛弱這個重擔壓著，沉回它普通的層次和正常的經驗：而這種從另一個世界的返回，是一個哀傷和渴望那經驗更新的機會。這裏強調了所有神祕主義者對默觀行動的過渡性質的見證。[13]

我曾經想將這種氣質稱為「蒙愛」，因為基督教的默觀關乎愛慕多於神祕經驗。耶穌同意屬靈生命是基於愛而不是律法。祂說最大的誡命是盡心、盡性、盡意和盡力愛主我們的神。耶穌告訴祂的門徒：「以後我不再稱你們為僕人，……我乃稱你們為朋友。」[14]

僕人是關乎「工作」的詞；**朋友**是關乎「存在」。僕人做甚麼？他們煮食、清潔等。但朋友卻是你的身分，而不是你做甚麼。馬大是僕人，馬利亞是朋友。

在這裏，我會將默觀描述為一種「牽手禱告」的方式，在其中基督徒安息在神的同在中。梅頓寫道：「有那麼多基督徒對神是多麼愛他們一無所知，對那愛為他們帶來好處，為他們帶來快樂的能力也一無所知。」[15]但默觀者為這愛而活。他們最想得到的是有點私人安靜的時間，凝視他們天上的愛人的面孔，將自己整個人獻給神。

撇除了這愛的推動，我們不可能明白默觀者。很多人以為「神祕主義者」是孤獨的人，或者在隱修的環境中，甚至是被虐狂。但事實上，默觀者只想沉浸在神對祂兒女那愛的海洋中，而我們則似乎不幸地只滿足於經驗那愛的點點滴滴。

你有沒有掌握到那推動默觀者的愛的關係？默觀者毫不猶疑，也完全不是出於責任，單單以純粹的愛慕欣賞基督。時間是我們能夠給神的其中一份最好的禮物，而默觀者想給神很多時間。

提到默觀者的崇拜，另一個很關鍵的分別也是重要的。默觀者尋求對神的存在或同在的認識，但這和對神的本質的神聖視覺是不同的。保羅和摩西可能都有幸有這種經驗，但這些經驗確實不尋常，完全是奇迹，而且無疑特別罕見。因此，我談及尋求神的臉時，不是概括地談及真的看見神的臉，而是談及察覺祂的同在。

默觀者的行動

除了一般的默觀禱告外，默觀者還可以運用很多禱告和活動的方式。讓我們研究其中幾種。

耶穌禱文

從歷史來說，默觀者大大使用「耶穌禱文」。這是一種很簡單的禱告，只是說：「主耶穌基督，神的兒子，求祢憐憫我這個罪人。」有時甚至可以使用更短的形式。五世紀著名的隱修士迦賢努(Cassian)使用這個禱告：「神啊，求祢來幫助我；主啊，求祢快來幫助我。」[16]

耶穌禱文的目的是實踐神的同在，歷代都證明了這個禱文的用處。不過，這個禱文偶然也被濫用，本身成了目的。例如：一個隱修士開始時每天背誦這個禱文一萬次，最終每天背誦十萬次。這證明良好的實踐也可以被推向荒謬的極端。如果我們那麼注重我們說某些話多少次，我們便不再專注於為甚麼我們說那些話。(我也想知道，究竟是誰在數那次數。)

我緊張(例如在重要的演講或講道前)、害怕、憂慮、靈性枯乾或受到試探時，發覺耶穌禱文可以號召我謙卑地倚靠神。我發覺這個禱文真的可以幫助我「實踐神的同在」。它有正式禱告的所有元素，包括承認耶穌是主，謙卑地請求祂幫助和憐憫，並承認自己的罪。最純粹的禱告形式是奉耶穌的名向天父祈求。但耶穌禱文提醒我，耶穌是主，我是罪人，需要祂的憐憫。

祕密的奉獻行動

那是十二月一個寒冷的晚上。第二天是平安夜。我溜到屋外，穿上一件外衣，拿起袋子，走到外面。一個年青人在深夜走到外面，通常表示會有麻煩，或者至少有好像把衞生紙掛在樹上的惡作劇。我也曾經這樣，但這次我有不同的目的。我想給耶穌一份禮物。

那天較早時，我從本地一間雜貨店選了一片火腿。我在包裝上寫上「聖誕快樂」，然後將火腿放在一個經濟有困難的家庭的門廊前，他們的父親幾個月前有婚外情，離開了這個家。多年以來，我都沒有將這件事告訴別人。我在實行自己第一次祕密的奉獻。(我想現在既然我透露了這件事，我已經失去了一次這樣的行動！)

我喜歡鼓勵所有基督徒進行「祕密的奉獻行動」，特別是那些主要有默觀傾向的人。祕密的奉獻行動是一些你不讓別人知道的行為，甚至連受惠的人也不知道你和那件事有任何關連。例如匿名地送一份禮物給別人，在「幕後」幫助別人，寄一張卡給別人等。

祕密的重要性是，這樣可以確保你是為了愛神，而且單單是為了愛神而做。任何親密的關係都有祕密；丈夫和妻子彼此分享一些東西，是他們從來不會與其他人分享的。在我們與神的關係和戀愛中，這種親密的一部分是與祂分享祕密。在神那方面，這些祕密可能是祂與我們分享或為我們做，而不與任何其他人分享的事。(耶穌曾經醫治一個男人，然後告訴他不要告訴任何人——馬可福音八章26節；參八章30節) 在我們這方面，那可能是我們的服事，是沒有人知道的。祕密的奉獻行動可以包括：

- 匿名送現金給有需要的人
- 寫詩或信給神，然後燒毀
- 只在神面前唱的歌
- 在神的同在中「祕密地」散步或在晚間警醒
- 有一個祕密的靈修地方，經常到那裏會見神
- 密集的代禱禁食
- 立誓永久或在一段時間內放棄某些東西，藉以象徵神怎樣滿足你最重要的需要
- 表達你對神的愛的象徵，放在口袋裏或作為頸鏈或戒指戴上
- 在「幕後」工作，幫助失業的人找工作
- 匿名寄一封鼓勵的信給一位牧師和朋友
- 在田裏種一棵樹或播下野花的種子，為身為創造主的神歡慶

經過實踐後，你自己會想到很多其他祕密的奉獻行動。

舞蹈禱告

我所指的「舞蹈」不是身體的活動，雖然有些默觀者可能認為這種活動很有意義；我指的「舞蹈」，是好像傳統上女士容許男士帶領她們進入舞池一樣，我們也容許神在我們禱告中帶領我們。

極力代禱，在禱告中搏鬥，將我們的禱告放在神面前，

都有它們的位置。但容許神說話，將要求放在我們面前，同樣有它們的位置。舞蹈禱告是容許神帶領的禱告；假設我們知道最需要為甚麼事情禱告是傲慢；因此，我們十分需要讓神帶領。

這可能表示我們的禱告時間帶領我們悔改、歡慶、代求、內省或做任何其他事情。舞蹈禱告的重要元素是在禱告時安靜得足以讓神帶領，就好像好的舞者一樣。

要培養與神的關係，我必須學習聆聽祂的聲音，學習接納祂的關注，尋求明白祂的視角。有時我絕對需要將我的心向祂傾出，但我永遠都不希望自己的禱告變成獨白。

帶著這個意象坐下來：與神舞蹈——讓聖靈在你禱告時帶領你。

專注的禱告

要用文字描述這種禱告特別困難，因為這種禱告最好是親自教導。不過，一般來說，專注的禱告是這樣的：選擇一個詞(例如：**耶穌**或**天父**)作為默觀禱告的焦點。用一段固定的時間(例如二十分鐘)在心裏安靜地重複這個詞，直到你內心似乎自行重複這個詞，自然和不自覺得好像是呼吸一樣。你心裏充滿關於耶穌或天父或另一個合適的主題(愛、喜樂或和平)的思想時，你便不會受到外在的打擾。

我們很難向西方的心靈描述這種禱告。我們西方人會想到：「唔，我接著要做甚麼？」但專注的禱告是默觀的行動，你不做任何事；只是安息在神的同在中。專注於神——聖父、聖子或聖靈，或者三一神的美，有助你在默觀中有一個專注的錨，令你的思想不會四處跑，尋找更多刺激。當思想游離時，你只需要在心裏重複那個詞，再一次專注，將自己帶回那個焦點。

有些基督教的傳統可能認為緊張或多言的禱告會令人分心和沒有效用。約望．克利瑪古(John Climacus；6世紀末至7世紀初)寫了一本關於基督徒生命的書，是早期的經典著作。他這樣說：「讓你禱告的話沒有刻意為之的優美……不要進行長篇的論述，為了雄辯而消耗你的心力。那個稅吏說的一句話已經觸及神的憐憫；一句充滿信心的話已經足以拯救那良善的賊人。在禱告中多言往往以意象充滿內心，令人分心；但一句話卻往往將心引向平靜。」[17]

專注的禱告的目的不是培養感受或製造一種「屬靈經驗」，只是在神祝福的同在中安息和享受。對那些質疑這點的人來說，我們只需要看人的例子——最深刻的愛往往是容許你在別人的同在中安息，毋須說或做任何事，只享受大家一起的時間。如果丈夫和妻子，或者兩姊妹之間，或者母親和嬰孩可以有這種感覺，為甚麼基督徒不能和神有這種享受？

內心的禱告

默觀者的挑戰是超越純粹的智力活動，這種活動佔我們禱告的百分之九十甚至百分之一百。我們西方人想到「禱告」時，大部分都以為是自己向神說話。不過，其他基督徒卻發覺有一種內心的禱告，這種禱告沒有取代頭腦的禱告，但卻是圓滿的禱告生命必不可少的元素。

神創造我們，使我們不單有理性或頭腦，但我們卻很少發展我們存有那情感的元素。一位作者這樣說：「如果我們與神交談時只運用我們的頭腦，我們永遠都不會有真正的平安和滿足。但事實是，和大量理性及認知上的訓練相比，我們在情感成長方面只接受了很少教育。成年人的情感面向往往要不是處於嬰兒階段，就是相當粗陋，是近乎粗野的態度。」[18]

內心的禱告並不號召我們放棄思想；那會和在禱告中放棄內心同樣愚蠢。但內心的禱告號召我們用思想來專注於我們的內心。我們進入神的同在時有甚麼感覺？我們的愛慕是圍繞神，還是其他東西？我們滿足於享受神的同在，還是太躁動不安，以致不能平靜我們的思想，哪怕只是幾分鐘？

我們的信心必定不能由感情主宰，但這並不表示感情毫不相干，或者甚至是毫不重要。神創造我們的感情是有目的的。我們的確不能完全信任感情，但如果我們完全忽略感情，便是將部分真我封閉起來。

因此，內心的禱告和專注的禱告一樣，是「作為」(“being”)禱告多於「實行」(“doing”)禱告。它的目的不是要從神那裏得到答案，讓神知道我們的要求，從神那裏得到洞見，甚至不是表達我們對神的委身。內心的禱告專注於對神的感情的依附或愛慕。這種禱告培養我們心靈的情感部分，令它成熟，而這部分在我們的社會中往往是殘缺不全的。內心的禱告的目標是愛神，讓我們的心擴大，讓神愈來愈多地擁有我們。專注的禱告的焦點是與神一起，以及察覺神的存在。

十架苦路

要記得十架苦路在歷史上曾經是流行的默觀方法。基督徒只是圍繞基督被釘十字架的不同事件禱告。這些事件可以始於客西馬尼園，從那裏一直發展下去：耶穌被判死刑，接受十字架，倒下，西門幫耶穌揹十字架，耶穌第二次倒下，婦女為耶穌哀哭，耶穌第三次倒下，被脱去衣服，被釘十字架，向約翰和馬利亞説話，死在十字架上，被人從十字架取下，以及被埋葬在墳墓裏。

我們在每一個站都停下來，在心裏想像聖經的真理。當時發生甚麼事？你從基督的犧牲和順服學到甚麼？每個站都沒有固定的禱告，所以可以讓聖靈帶領你祈禱(也不要忘記享受復活的榮耀！)。

在苦路各站禱告會令你的默觀禱告有具體的結構，同時又讓你有即時的洞見和代求。

默想式禱告

羅耀拉的伊納爵(Ignatius of Loyola)的《神操》(*The Spiritual Exercises*)令思想上的禱告變得更流行。他的書提供幾個思想或默觀禱告的不同例子，那些對這種禱告特別感興趣的人最好購買他這本經典著作來閱讀。

伊納爵談到懷著禱告的心思想一段聖經經文，懷著禱告的心思想一個特定的主題，或者懷著禱告的心使用一件物件(你能夠看見、品嘗、觸摸、聆聽或嗅的東西)，思想它的實際教訓。每次禱告都應該以謙卑地將意志降服於神來開始，並在真實的親身遇見中回到神那裏來結束。

對某些人來説，這些禱告方式可能顯得陌生，以及有點令人不自在。如果有人要求你就「怎樣墮入愛河」這個題目寫一些東西，你便可以想像到描述這些禱告有多困難。關係，包括我們與神的關係，是動態的。我提過的操練在其他基督徒的生命中已經證明是有效的，但令人興奮的事實是，所有基督徒都可以在愛神的旅程中建立自己的故事。

默觀者的試探

失去平衡

我們健康地渴望在神裏面找到喜樂和愛時，有時會限制神怎樣向我們顯明祂的愛。神希望我們因為祂而感到喜悅，這是對的；但祂也希望我們因為祂創造的人和世界而感到喜悅。默觀者有時錯誤地製造一種世俗／神聖的二分，將享受別人的陪伴或神創造的事物，排除在他們對神的愛之外。

健康的默觀者明白，豐富的人際關係也是享受神的愛的途徑，正如獨自和親密地禱告是享受神的愛的方法一樣。動聽的音樂，戶外的美，藝術和娛樂都包含對神身為創造主的小小歡慶，所以我們可以在欣賞神創造的奇妙時愛祂。

在熱切地要更熱誠地愛神時，不要排除享受神以外的事物。神可以在我們與其他信徒談話時向我們顯現，正如祂可以在我們跪下禱告時向我們顯現一樣。

吸收自我

有些默觀的形式脫離了正統基督教的範圍，默觀者必須加以防避。我們特別要提防令我們的自我被神吸收，而不是關乎與神交往的默想。神始終是神，我們始終是人，「兩者永不能交匯」。我們可以與神交往，但我們不能被神吸收。這種愚見並不是基督教思想。

要提防談及「倒空」自己，製造一種真空狀態的實踐。基督徒希望被聖靈充滿，而不是倒空自己。耶穌提到一個人從鬼魔中得釋放後，由於裏面仍然是空的，所以情況變得更糟，很快便被一羣鬼魔佔據。[19]

忘記德行

從歷史來說，由於以下原因，默觀者的角色是源自隱修主義的：偉大的神祕主義者認為，如果不將惡事減少，便不能夠在信仰中進步。我們不能夠凝視神榮耀的臉，同時心裏又渴求世界那些罪中之樂。默觀者必須超越不成熟的迷戀，實行自律和自制。正如婚姻必須將兩個人拉在一起，從衝突轉為建立於自我犧牲的委身；所以默觀者必須超越單純的默想(一些東方和流行宗教的失敗之處)，進到以我們的意志和順服配合基督。

對屬靈操練上癮

古代的人視默觀為預嘗天上的喜樂；他們很少將默觀描述為我們可以預期在地上無限期延續下去的事情。屬靈感受可以那麼強烈——奧古斯丁曾經稱它們為「神聖的酒醉」，以致我們不想它們消失。默觀者需要接受一個事實，正如地上的身體有它們的限制，地上的靈魂和情感也有它們的限制。我們應該為我們得到的屬靈喜樂而感恩；但也應該接受這些喜樂只是暫時的。我們也必須提防「屬靈的貪吃」，尋求感受而不是尋求神。[20]

你是否默觀者？

你是否默觀者？為以下的話評分，由一至五分。五是最能夠形容你的，一是最不適合用來形容你的。將分數記錄在空位上。

______ 1. 我的情感被喚醒，神安靜地觸動我的心，告訴我祂愛我，令我感到自己是祂最親密的朋友時，我感到與神最親近。我喜歡與神單獨一起，默

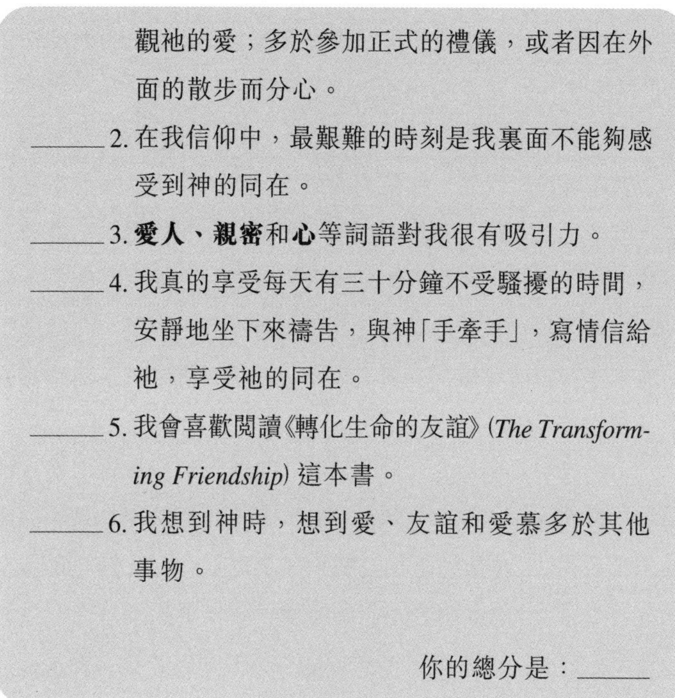

觀祂的愛；多於參加正式的禮儀，或者因在外面的散步而分心。

______ 2. 在我信仰中，最艱難的時刻是我裏面不能夠感受到神的同在。

______ 3. **愛人**、**親密**和**心**等詞語對我很有吸引力。

______ 4. 我真的享受每天有三十分鐘不受騷擾的時間，安靜地坐下來禱告，與神「手牽手」，寫情信給祂，享受祂的同在。

______ 5. 我會喜歡閱讀《轉化生命的友誼》(*The Transforming Friendship*) 這本書。

______ 6. 我想到神時，想到愛、友誼和愛慕多於其他事物。

你的總分是：______

十五分或以上顯示你傾向有這種屬靈氣質。請花點時間將你的分數記錄在二百一十一頁的第十一章上，便可以有一幅綜合的圖畫，看到你心靈通向神的路徑是怎樣的。

默觀者的信息

我成長時，覺得基督教信仰的「巨人」是為神成就了偉大事件的男女：偉大的領袖、作家、傳道人和僕人。他們的學位、成就和履歷既詳細又詳盡。他們或許開展了整個運動，或者帶領數以萬計的人經驗救恩。你可以憑在人們演講前需要花多少時間介紹他們，來「判斷」他們有多聖潔。

默觀者給我們指出一個全新的方向。我們所有工作對我們來說可能顯得完全必要，但我懷疑那會否只是因為我們高估了自己的重要性。或者我們的工作是嘗試證明自己的存在價值，多於真正愛神。

默觀者提醒我們一個驚人的事實：有一件事是每個基督徒都可以做，而其他人都不能做的，那就是將我們個人的愛和愛慕獻給神。神可以興起很多佈道者、教師、作家和見證人。但只有我可以將我個人的愛和愛慕獻給神。我的配偶、牧師或同工都不能為我這樣做——只有我可以將這愛獻給神，而這是祂十分想得到的愛。

想像你有六個兒女。其中五個十分愛你，定期寄卡和信件給你，經常提醒你他們對你的忠誠。另外那個孩子在幾年前離開，告訴你：「我憎恨你，永遠都不想再見到你。對我來說，我沒有父母。」那五個兒女的愛能夠完全抹去你因為那個反叛的孩子而感到的痛苦嗎？當然不能。令人驚訝的是，神也是這樣。單因為祂有我妻子和葛培理（Billy Graham）的忠誠，並不表示祂不想得到我的忠誠。而我是惟一能夠將**我**的愛和愛慕獻給祂的人。

默觀者和神祕主義者可能總會被人投以懷疑的目光，因為他們對神的事奉是那麼私人，但這私人的愛是神十分珍惜的。潘靈頓這樣描述這種愛：

> 我在婚姻輔導中多次遇到一個情況。那對夫婦並不快樂。妻子感到不滿意，丈夫卻不明白為甚麼。他冗長地講述自己為妻子做了甚麼。他做兩三份工作，蓋了一間新房子，甚麼也買給她。但對這一切，妻子平靜地回應說：如果他會停幾分鐘，將自己給我便好了！有時我感

到，神看見我們忙於做好事時，也對自己說：如果他們會停幾分鐘，將自己給我便好了！[21]

我們每個人都要以這種熱情來愛神。

第10章

理智者：
以思想愛神

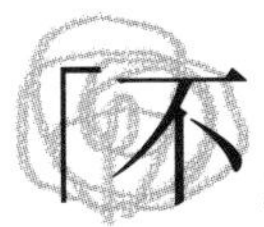

「不，不，不」，牧師搖著頭說：「我肯定那是在西北的角落。」

「對不起」，正在駕車的另一位牧師說：「但我一直都認為是在東南。」

第一位牧師再次看著他的地圖冊。「不，不可能」，他指著東南角落附近一個地點說：「它必定在這裏」，他的手指向地圖上方移動。

我們的車子朝北走時，我忍不住笑起來。那是炎熱的夏天，我們要去參加一個宗派的會議，我們會一起演講。其他汽車經過時，我可以想像到人們討論甚麼——最近的棒球賽比數，或者最近的公司合併，也可能是荷李活的一些傳言。不過，我頗為肯定在一百萬部汽車中，沒有一部車的人可以猜到我們車上的人在討論甚麼。我們在激烈爭論古代耶路撒冷的羊門在哪裏！

這些有點愚蠢的討論部分解釋了為甚麼有些基督教圈子那

麼鄙視知識的追求。我們很可能都聽過有人以十分高高在上的態度説：「某某人的信仰全在頭腦裏。」但事實是，基督自己在促請我們盡心、盡性、盡**意**、盡力愛主我們的神時，也推崇智力扮演的角色。

有些熱誠者和默觀者很難明白，有些人怎樣透過受到刺激的頭腦有力地被吸引到主那裏。理智者的思想被喚醒時，他們對神或祂對待兒女的方式有新的理解時，他們的愛慕便會釋放出來。

正如默觀者可以花很多小時沉醉在神的同在中，理智者也可以花很長時間沉思一節有挑戰性的經文或一個有挑戰性的觀念。有一次，我全神貫注地閱讀約伯記，讀到三十五章6至8節時，突然遇到難題。那裏説：「你若犯罪，能使神受何害呢？你的過犯加增，能使神受何損呢？你若是公義，還能加增他甚麼呢？他從你手裏還接受甚麼呢？你的過惡或能害你這類的人；你的公義或能叫世人得益處。」

我知道這些話背後有些寶貴的東西；最初，我不能肯定這段經文在説甚麼，但我知道那裏有特別的意思，在其後的日子，那段經文給我一些快樂的思考和默想。

我發覺要我在基督裏成長，我的思想需要得到聖經刺激，就好像這個例子一樣。我需要接受挑戰，面對「愛好困難的問題」，正如我朋友簡金(John Rankin)喜歡説那樣。如果我沒有學到關於神的新事物，我便會感到與祂的關係變得停滯不前。

新約很多卷書(例如約翰的書信、加拉太書和猶大書)都特別主張正確的思想和正確的生活。理智者提醒我們以我們的思想愛神這個崇高的呼召。我們的文化想到愛和獻身時並非總是想到思想。商店不會在情人節售賣巧克力腦袋——談到愛時，受到推崇的總是內心，但根據聖經，巧克力腦袋也是完全可以接受的。聖經強調我們的思想是我們可以用來愛神的一個重要元素。

理性的追求和事奉在推展神的工作上扮演重要的角色。一位作者指出初期教會向外邦世界的見證那麼成功，主要是因為教會不單在生命和死亡方面都勝過世界，也在思想上勝過世界。[1]雖然偉大的基督徒思想家彼此有根本的分歧，好像奧古斯丁、加爾文、伊拉斯謨(Erasmus)、阿奎那、帕斯卡等偉人不單幫助基督教追上學術成就，也幫助推展基督教。我們很難高估學術對基督教歷史的影響。給中世紀全盛時期榮耀，帶領教會脱離黑暗時期，很大程度得歸功於經院哲學的神學(Theology of Scholasticism)，而這套神學是建基於奧古斯丁在四世紀的奠基工作。接著，推動宗教改革的有力思想很快便出現。

中世紀全盛時期的偉大神學家阿奎那(很多改革派的神學家都相信阿奎那的思想和其後的改革思想是一致的)正確地指出歷史的這一方面。他指出，根據提摩太前書二章1節，無論在任何情況下，禱告都必須包括**思想上升到神那裏**。[2]

因此，任何形式的基督教，如果拒絕甚至貶低思想的重要性，都不是合乎聖經的基督教。

聖經對理智者的看法

你見過一個講壇，上面有一隻鷹的木刻嗎？裝飾華麗的講壇象徵性地宣告神的話破壞撒但的工作這個真理。鷹天生就捕殺蛇。歷代以來，實際上在整本聖經中，宣告神的話都十分重要，是對抗黑暗勢力必不可少的部分。

摩西祝福利未支派時，是祝福一個支派，這個支派「要將你的典章教訓雅各，將你的律法教訓以色列」。[3]利未人可以免除其他責任，讓他們能夠在研究和教導——以思想愛神——的責任中發揮功用。

一些聖經人物也扮演這個角色。聖經清楚表明「所羅門愛耶和華」。[4]而他愛神的其中一種方式是利用他的智力榮耀神。特別有趣的是，要留意所羅門沒有將他的思想限制在智慧的宗教言語上；他也探索自然世界，因為神是一切的自然創造者。「〔所羅門〕講論草木，自黎巴嫩的香柏樹直到牆上長的牛膝草，又講論飛禽走獸、昆蟲水族。天下列王聽見所羅門的智慧，就都差人來聽他的智慧話。」[5]

生物學教授可以好像系統神學教授一樣以自己的思想愛神。由於神創造一切，任何對自然世界的探索、研究和解釋，都可以讓我們明白神的本性，幫助我們更認識祂。

智慧的話可以是崇拜的重要部分，或者好像詩篇四十九篇那樣，號召人們崇拜：

> 萬民哪，你們都當聽這話！
> 世上一切的居民，
> 無論上流下流，富足貧窮，
> 都當留心聽！
> 我口要說智慧的言語；
> 我心要想通達的道理。
> 我要側耳聽比喻，
> 用琴解謎語。[6]

講道是一般教會崇拜很重要的部分。它不在崇拜之後或之前，它本身**就是**崇拜。

箴言這卷書很大部分都強調，經過訓練的頭腦對我們愛神的重要性：

> 使智慧人聽見，增長學問，
> 使聰明人得著智謀，
> 使人明白箴言和譬喻，
> 懂得智慧人的言詞和謎語。
> 敬畏耶和華是知識的開端；
> 愚妄人藐視智慧和訓誨。[7]

箴言吩咐我們「揚聲求聰明」，「搜求它，如搜求隱藏的珍寶」。[8]箴言也告訴我們，「智慧為首；所以，要得智慧。用你一切所得的去換聰明。」[9]正確的思想——以我們的思想配合神的思想——令我們能夠正確地生活。

我們需要停下來，記得這是多麼激進。我們的文化要我們尋求名譽和財富，富裕和權力。但聖經告訴我們，我們首先要尋求的，我們最主要的呼召，是得到智慧和聰明。

耶穌自己也顯出追求學問的傾向。在十二歲時，祂在聖殿與別人討論律法。[10]教導也是祂事奉的重要部分。雖然祂有力地譴責令人遠離神的智力巧計，但祂明白頭腦和內心一樣，都需要轉化。祂促請追隨者以他們的所有思想愛神。[11]

我們有沒有這樣做？我們有沒有懇切尋求驅走一切對神的錯誤觀念，並將完全得到救贖的頭腦獻給祂？

智力訓練

我第一次駕車經過維真學院時，沒有留意便將汽車駛過。維真學院是兩間經改裝的相連房屋，在英屬哥倫比亞大學 (University of British Columbia) 的校園附近。學院的書室設於一間活動房屋內。我對維真學院的認識都來自那些在那裏授課、我認識的教授，包括華爾克 (Bruce Waltke) 博士和巴刻博士。我完全想不到他們可以在這樣的地方授課。維真學院的外觀經過了很大改變，但在一九八○年代中期，也就是學院的早年，物質設施的缺乏對我們沒有多大影響。令我們一再回去的是那裏的教導和關係。我記得我和同學快要畢業，準備各奔前程時，一位經常和我一起吃飯和學習的同學在最後一次離開「校園」時，將一張字條放在我的書上。我們都知道大家不大可能會再見面。他會到加拿大一間聯合循道會的學校任教；而我則會回到美國；另一位朋友則會回到香港，希望預備當地的信徒迎接香港的主權交回給中國。還有一位朋友，他的論文在一次研討會中被徹底駁倒，令他清醒過來，也變得更有力量。這位朋友準備在溫哥華擔任牧師。

我最後一次在學院四處走時，對學院過去兩三年在那麼多生命中成就了的事心生敬畏。離開學院的男女都成了十分不同的人。我們的思想受到刺激，我們的心受到挑戰，現在我們已經準備好開始以自己微小的力量，令別人也實現同樣的事情。今天這個過程仍然繼續下去，沒有減弱。在世界各國，基督教會都藉著以訓練基督徒的頭腦為目的的教育前進。這對認信教會來説是令人興奮的事實，也是力量的深刻來源。

雖然我相信每個人都可以從這種經驗中得益，但理智者特別能夠從正式的神學訓練中得到很大的好處。好的學校可以裝備你在畢業後繼續教導自己，但沒有甚麼能夠取代首先建立穩固的基礎。

現在這已經變得愈來愈容易了。如果花兩三年讀一個碩士學位並不可行，也可以考慮放下工作一年，攻讀一個為期一年的學士課程。溫哥華的維真學院有為期一年的課程，是相當好的。你也可以考慮修讀暑期課程，很多神學院和聖經學院都有為期一星期的課程，可以將學分累積，取得等同為期一年的學位。如果你在上完一星期的課程後，花時間閱讀有關的書籍，這些課程足以讓你花整年時間進行有關研究。

試想像一下，如果你每年選一個題目作深入研究，你的基督徒生命會變得多麼堅實。在短短幾年內，你對好些重要的真理便會頗為熟悉。如果我們比較熱誠地使神賜給我們的頭腦發展，教會明顯會強大得多。

如果時間和金錢妨礙你上學，你也可以考慮透過錄音帶或錄影帶修讀延伸課程。你可以利用著名教授的錄音講座在教會開始細小的研讀班。以小組的動力來學習總是有幫助的。我發覺討論對磨煉我的思想和信念都很有價值。

不過，如果你周圍的人不感興趣，你也可以藉著錄音帶，利用上班途中的時間好好學習。有兩個很好的機構提供這些錄影課程和錄音帶。它們是維真學院，地址是5800 University Blvd., Vancouver, B.C. V6T 2E4；和利戈尼爾事工（Ligonier Ministries），P. O. Box 547500, Orlando, FL 32854。維真學院的課程比利戈尼爾更多元化，而維真學院的神學有很強的改革宗傾向。但兩者都以十分相宜的價錢提供很好的課程。

你也可以花一年時間在上班途中聽清談節目的主持人滔

滔不絕地談論最新的話題，但如果你這樣做，在一年結束後你不會有任何改變。多年以來，我不記得上班途中有任何交通或天氣報告改變了我生命的方向，或者將我重新引向神的目的。不過，藉著花一年時間聆聽從神那裏得到洞見的人說話，令我變成更好的人。

不同學科

理智者應該藉著明白神學訓練的基本學科，擴闊他們的信仰。這些學科包括教會歷史、聖經研究、系統神學、倫理學和護教學。完整的神學院教育也包括一些其他學科，但這五科對建立有學識的基督徒頭腦已經是很好的開始。

有很多書討論這些學科，雖然你在本地的基督教書室可能不會找到很多這些書籍。接受過神學訓練的牧者應該可以在幾分鐘內向你推薦一些合適的書籍。你開始閱讀時，會看到很多腳註和附註，指示你看相關的書籍。作為開始，你可以考慮以下的建議。

教會歷史

教會歷史有很多關於偉大的信心、委身和獻身，動人而真實的故事。更重要的是，教會歷史將頭腦連結到內心。閱讀獻身佈道的人那些充滿熱誠的話是一回事；讀到他們將行裝放在棺材內到外地宣教，因為他們不期望在不同的氣候中可以生存超過十八個月，則是另一回事。

箴言的作者寫到在日光之下無新事時，是預見教會的成長和發展。在二千年歷史中，教會面對同樣的異端，這些異端以不同的名字出現。教會也克服了很多相同的鬥爭，處理了相同的反應，然後又取得平衡。對教會歷史有廣泛認識的人對任何教會的領導都是寶貴的補充。[12]

多年以來，拉托瑞緹（Latourette）的兩冊《基督教歷史》（*History of Christianity*）[13]都是神學院和聖經學院的標準教材，雖然對於很多對這學問只想略知一二的人來說，這套書略嫌太厚。《兩個國度——歷代的教會與文化》（*Two Kingdoms: The Church and Culture Through the Ages*）[14]也愈來愈受重視，而這也是這本書配得的。

《伊德曼斯基督教歷史手冊》（*Eerdmans' Handbook to the History of Christianity*）是一本很容易閱讀的書。曼斯雷克（Clyde Manschreck）在一套兩冊的《基督教歷史——教會歷史著作選讀》（*A History of Christianity: Readings in the History of the Church*）中輯錄了一些原本的文獻。《塘鵝版教會歷史》（*The Pelican History of the Church*）這個系列也有一些十分有用的著作，而且這些書都是細小的平裝本，方便攜帶。

除了這些導論外，你也可以找到討論教會歷史某個時期的書籍。北美讀者可能對里德（Daniel Reid）的《美國基督教辭典》（*Dictionary of Christianity in America*）[15]、諾爾（Mark Noll）的《美國和加拿大基督教歷史》（*A History of Christianity in the United States and Canada*）[16]或韋爾斯（David Wells）的《伊德曼斯美國基督教手冊》（*Eerdmans' Handbook to Christianity in America*）[17]感興趣。

教會歷史是建立神學思想必不可少的基礎。嘗試在沒有教會歷史的情況下明白神學，就好像嘗試藉著只閱讀標題而不理會報導內容去明白世界大事一樣。你會對一切都有點認識，但對它們有甚麼意義卻不甚了了。

聖經研究

我希望可以令這頁書在你面前舞動，象徵這一節的重要性。不過，在沒有光碟的情況下，讓我表明，我相信基督徒生命的困難，有百分之九十都是源於我們對聖經的理解不足。百分之九十。我相信聖經研究就是這麼重要。

概括地說，我們可以將聖經研究分為三部分：閱讀聖經，仔細研究聖經的一些章節(往往稱為「解釋」)，以及閱讀幫助我們明白聖經的書籍。每個基督徒都應該有些定期讀經的計劃，無論是一年讀完一次，還是三年讀完一次。這並非表示我們需要由創世記開始，以啟示錄結束。我嘗試過多種不同方法。你可以讀一卷舊約，例如創世記；然後讀一卷新約，例如馬太福音。再讀出埃及記，然後讀馬可福音，餘此類推。由於舊約書卷的數目大約是新約的兩倍，我發覺以創世記、詩篇和馬太福音開始，然後順序讀出埃及記、箴言和馬可福音，餘此類推，也是有用的計劃。這樣可以將福音書和舊約一些比較艱深的記述分開。

我不能告訴你，有多少次在我讀經時，神將我當時需要聆聽的某段經文放在我面前。定期的讀經計劃給神一件很好的工具，向我們內心說出真理。我未遇過一個每天都讀經的基督徒對讀經的效果不是充滿熱誠的。

如果你認為理智可能是你的屬靈氣質，便應該從**這裏**開始。開始**每天**閱讀聖經。即使你不是理智者，每天讀經也應該是每個基督徒生命的一部分。

如果我們不單讀經，也細心研究某段經文，也會得益。要為這工作作準備，費依(Gordon Fee)和史督華(Douglas Stuart)的《讀經的藝術》(*How to Read the Bible for All It's Worth*)是很好的書。另一本在這方面有幫助的書是史普羅的《認識聖經》(*Knowing Scripture*)。

你開始研究個別的書卷時，可能想參考幾本好的註釋，再加上一些關於當時的文化史的書籍，包括聖經辭典和地圖冊。你的目的是令自己對某些經文的實際意義和教導有更深認識。

聖經有六十六卷書。如果我們開始每年花六個月透徹研究聖經一卷書，仔細研究每一段經文，閱讀相關的註釋，盡力真正明白聖經，大部分人都可以在有生之年深入研究整本聖經。

系統神學

系統神學研究基督教教義——救恩、洗禮、教會階級等。有兩本十分好的入門書：巴刻的《簡明神學》(*Concise Theology*)和史普羅的《神學入門》(*Essential Truths of the Christian Faith*)。兩本書都介紹或幫助人重溫基督教教義。

完成這兩本書後，你會發覺在每種系統神學中，都有某種神學傾向。系統神學的經典著作包括阿奎那的《超性學要》(*Summa Theologica*)和加爾文的《基督教要義》(*Institutes of Christian Religion*)。你的牧者也可以幫助你找到一套一冊或多冊的著作，解釋你所屬傳統的信仰。

系統神學有七個基本課題：神、人類、耶穌、聖靈、教會、終末論(末後的事)和啟示。除了一般的系統神學的作品外，你可以閱讀以其中一個課題為焦點的著作，例如：教會(例如寇爾森〔Chuck Colson〕的《身體》〔*The Body*〕)或神的本性(巴刻的《認識神》或史普羅的《神的聖潔》〔*The Holiness of God*〕)。

倫理學

基督教是關於我們相信甚麼，但也是關於我們怎樣行事為人；而研究基督教倫理學，是尋求提供一個框架，讓基督徒可以作出敬虔的決定。倫理學尋求回答舊約裏提出的，並因為薛華而變得著名的問題：「那麼我們應該怎樣生活？」

一個在監獄事工方面做得很出色的人告訴我，他仍未遇過強姦或謀殺犯是不相信自己會上天堂的。他們會告訴他：「我相信耶穌是神，我當然會上天堂。」但他們對自己以前的行徑沒有表現出多少悔意。倫理學的研究提醒我們基督徒轉化的需要和真實。救恩不單是關於避過地獄；而是關於在地上被轉化——**改變**。

要培養你智力的這個方面，可以考慮閱讀戴維斯（John Jefferson Davies）頗為近期的導論——《福音派倫理學》（*Evangelical Ethics*）。你也可以考慮默里（John Murray）的《行為的原則》（*Principles of Conduct*）或者魯益師的經典著作《人的見棄》（*The Abolition of Man*）。

除了剛才提及的導論書籍外，你也可能想看一些集中討論某個課題的書籍，例如貧窮、性倫理等。

隨著時間過去，基督徒需要積極並愈來愈多地參與社會事務，不單是為了我們自己的利益，也是為了社會的整體利益。科技為倫理的討論打開了全新的領域：生命從哪時開始？我們怎知道自然生命在哪時結束？核子戰爭可以被視為「公義的戰爭」嗎？在有那麼多人有需要的世界，我們可以怎樣負責任地生活？

這些問題是很多基督徒每天都面對的。我們需要那些特別傾向理性的人提出問題，建議一些指引，幫助我們明白聖經和神對有關問題的旨意。

護教學

我喜歡在上班途中聽錄音帶。我發覺這樣可以將我的一天延長大約兩小時。我沒有讓時間溜走，而是能夠好好加以利用。有一盒錄音帶特別令我興奮。那是「馬斯希爾論壇」(Mars Hill Forum)，基督教的牧師蘭金和全國婦女組織 (National Organization for Women) 的領袖愛爾蘭 (Patricia Ireland) 辯論。

蘭金牧師的表現很出色，他在史密斯學院 (Smith College) 説服了一羣懷有敵意的羣眾。他能夠在很世俗的環境解釋基督教信仰的真理和卓越，令我十分欽佩。我十分尊重那些可以有效地闡述基督教信仰的人。

有時神可能呼召我們離開令自己感到自在的環境，我們需要作好準備。我聽完蘭金牧師的錄音帶後不久，斯沃莫爾學院的一羣學生便邀請我主講佈道性聚會，講述耶穌對女性的看法。我從來都不認為自己特別擅長護教，我嘗試説服學生邀請蘭金作為講員；但其中一個學生聽過我在另外一個地方演講，堅持要我去。我再祈禱後，終於接受了他們的邀請。

如果你習慣了向基督徒演講，要面對一羣設法找到你講話內容有甚麼弱點的人，會是一個挑戰。這些討論通常稱為「護教學」。護教學是關於我們怎樣向不信的人解釋我們的信仰，並為這信仰辯護。它也包括在面對異端時為真正的基督教教義辯護，特別是因為異端來自基督教或非基督教的教派。我稱護教學的這兩個分支為「對外」和「對內」的護教學。前者在那些認為基督教不真實的人面前為信仰辯護；後者則在那些自稱為基督徒，但持守的教導有違真正基督教教義的人面前為信仰辯護。

當代兩本護教學的經典著作（雖然開始變得有點過時）是李德爾（Paul Little）的《你為何要信》（*Know Why You Believe*）和麥道衛（Josh McDowell）的《鐵證待判》（*Evidence That Demands a Verdict*）。拉維．撒迦利亞（Ravi Zacharias）是福音派中冒起得很快的護教學者。他的著作《人能夠沒有上帝而活嗎？》（*Can Man Live Without God?*）挑戰基督徒以適切和卓越的思考來回答困難的問題。

克雷夫特（Peter Kreeft）和塔切利（Ronald Tacelli）的《基督教護教手冊》（*Handbook of Christian Apologetics*）被稱為「幾乎是一冊必備的護教學自學課程」，塞爾（James Sire）的《為甚麼我們應該相信一些東西？》（*Why Should Anyone Believe Anything at All?*）則使用在大學試驗過的材料，幫助大學生處理信仰的本質和其他問題。

關於護教學的歷史，你可以看布什（Russ Bush）編輯的《基督教護教學經典著作選讀，主後100至1800年》（*Classical Reading in Christian Apologetics, A. D. 100～1800*）。可以考慮的入門書籍包括克雷格（William Lane Craig）的《護教學導論》（*Apologetics: An Introduction*）和賈斯樂（Norman Geisler）的《基督教護教學》（*Christian Apologetics*）。

關於當代護教學者的正面例子，我會鼓勵你聆聽由蘭金主持的一些「馬斯希爾論壇」。你可透過「神學教育學院」（Theological Education Institute）買到他的錄音帶，網址是www.therankinfile.com。蘭金在戈登－康韋爾神學院（Gordon-Conwell Theological Seminary）和哈佛神學院（Harvard Divinity School）接受訓練，所以他的演講不單有屬靈方面的敏銳，也是經過細心的研究和論證的。

信條

維真學院的教授博克米爾博士生前經常說，我們每二十分鐘便需要就某些教義得到提醒。信條幫助我們這樣做，因此可以是屬靈成長的有力工具。信條也揭露「只要我們做正確的事，我們信甚麼也不要緊」這句流行但錯誤的話背後的謊言。如果我們不知道自己相信甚麼，怎能夠知道甚麼才是正確的事？我們一旦省掉信條、教義或某些信念，便沒有能力決定我們所做的是否正確；這樣我們便會落入糟透地事奉撒但，卻以為自己在事奉神的境地。[18]

我們談及信條——有人可能稱為「那令人頭痛的東西」——的重要性時可能會皺眉頭，但理智者提醒我們，信條在教會的前進中扮演很重要的角色。塞耶斯 (Dorothy Sayers) 是二次大戰期間深受歡迎的英國作家。她寫過一些話，即使在今天仍然和當年一樣適切：

> 基督徒談論基督教道德的重要性，比毫無用處更糟——除非他們準備堅守基督教神學的基礎。說教義無關重要是說謊；教義十分重要。讓人以為基督教只是一種感覺的方式是致命的。我們十分需要堅持，基督教首先和首要地是一種對宇宙的理性解釋。提出基督教作為一種簡單、安慰人、模糊地理想化的願望是沒有盼望的；相反，基督教是堅實、牢固、準確和複雜的教義，浸透在嚴厲和不妥協的現實主義中。想像每一個人都頗為清楚基督教是甚麼，只需要一點兒鼓勵便可以實踐出來是致命的。嚴峻的事實是……一百個人中，沒有一個對教會關於神或人或社會或耶穌基督的位格的教導有丁點兒認識。[19]

我們相信神甚麼，會影響我們怎樣事奉祂；就好像我們相信一個人甚麼，會影響我們怎樣對待那個人一樣。我記得有一次在參加一個會議期間，我在午飯時坐在一個看來頗為謙虛的人旁邊。我們談得很投契，但我心裏感到有點不安。他看起來很面善，但我記不起他是誰。他的名牌只有他的名字，沒有姓氏。突然間我記起了，我正在和一位美國前參議員談話。我問他：「你是……嗎？」提到他的全名。

那位參議員説：「是的，但不要告訴別人。」

那些在我們附近，聽到我們説甚麼的人立即改變了態度。這位穿著便服的男士突然間得到全新的尊重。人們説話時變得更小心。看到那天午飯時人們怎樣開始有不同的表現，以及在會議其後進行期間，其他人也發現他是誰後怎樣有不同的表現，實在有趣。理論上，我們可能不會總是這樣，但甚至連使徒保羅也對有某種地位的人表示尊重。有一次，他頗為不假思索地回應了一個人，但當別人告訴他那人是大祭司時，他便道歉。[20]

同樣，我們對神的認識會影響我們怎樣對待祂。如果我們視我們的創造主為只是一個「很好的老友」，或者是一個嚴厲的監工和喜歡懲罰人的審判官，我們的生命也會相應地受到模塑。教義影響我們的行為，就好像眼鏡影響我們的視力一樣實在。因此，信條對幫助我們好像神配得那樣愛祂是不可或缺的。

今天的理智者藉著解釋基督教信仰是甚麼，以及基督教信仰有甚麼意義來事奉神。這兩部分都是必不可少的。耶穌是神（這是信仰一個重要的陳述），但這對我的生命有甚麼意義？

信條是這些信仰陳述的集合。它們可能是詳盡的，也可能不是。例如：尼西亞信經（Nicene Creed）是基督教的基本信經，但這信經沒有包含基督徒需要明白的信仰所有要點。

有一些「普遍」信條是為整個有形教會而設，也是整個有形教會都接受的；也有些「內部」信條是為了教會某些特定的分支——例如長老會或羅馬天主教——而設的。理智者可能想熟習主要的信條，即使那些信條不屬於他們的傳統。使徒信經（Apostles' Creed）、尼西亞信經、亞他那修信經（Athanasian Creed）、奧斯堡信條（Augsburg Confession）和威斯敏特信條（Westminster Confession）都是很好的開始。要作進一步研究，可以參考沙夫（P. Schaff）一套三冊的著作《基督教的信條》（*Creeds of Christendom*）或凱利（J. N. D. Kelly）的《初期基督教信條》（*Early Christian Creeds*）。

理智者的發展

如果你在屬靈氣質測驗中在理智方面得分很高，或者只是想開始培養用自己的頭腦來愛神，可以選對你來說最有趣的學科。你是否受到護教的挑戰吸引？還是最受到基督教歷史的故事啟發？你需要提高自己對聖經的一般知識？還是需要將你的信仰應用到倫理學的範疇？

這是終生的呼召。我們有一生的時間開始將我們的思想一點一點地交給神的真理。到我死時，我希望我的行為，我的思想，和我的信念，全都配合基督的形象。這不會偶然地發生。幸好我們有聖靈這位偉大的教師，也有聖經作為可靠和權威性的教導，幫助我們達到這個目的。

理智者的試探

喜愛辯論

提摩太可能是喜愛辯論的理智者。保羅給提摩太的兩封信都有幾段強烈的勸告，要他避免一些人，他們「聽從荒渺無憑的話語和無窮的家譜；這等事只生辯論，並不發明神在信上所立的章程」。[21]這種人「自高自大，一無所知，專好問難，爭辯言詞，從此就生出嫉妒、紛爭、毀謗、妄疑，並那壞了心術、失喪真理之人的爭競」。[22]

這些是保羅對跟隨提摩太的人的警告，也是他給提摩太本人的勸誡。但在提摩太後書，那警告卻似乎是針對個人的：「惟有那愚拙無學問的辯論，總要棄絕，因為知道這等事是起爭競的。然而主的僕人不可爭競，只要溫溫和和地待眾人，善於教導，存心忍耐，用溫柔勸戒那抵擋的人；或者，神給他們悔改的心，可以明白真道。」[23]

或許保羅知道提摩太有點過分喜歡「糾正」別人。我們會在某個階段，由教導別人變為開始爭辯。那界線相當細微，我們需要小心不要逾越。沒有愛心的討論，也就是以打敗別人為目標，而不是真正關心別人福祉的辯論，是不敬虔的。「我若有先知講道之能，也明白各樣的奧祕，各樣的知識……卻沒有愛，我就算不得甚麼。」[24]

保羅對另一位年青領袖提多也是同樣直接。「要遠避無知的辯論和家譜的空談，以及紛爭，並因律法而起的爭競，因為這都是虛妄無益的。」保羅認為這種分歧是非常嚴重的罪。「分門結黨的人，警戒過一兩次，就要棄絕他。因為知道這等人已經背道，犯了罪，自己明知不是，還是去做。」[25]

基督徒的標記是愛和恩典，不是自負地表現自己的知識。

知而不行

理智者需要謹記，知道甚麼正確，並不能取代做正確的事情；相反，知道甚麼正確，令我們更有責任令自己的生命配合我們的言語。雅各警告說，教師要受到更嚴厲的審判。[26]

根據箴言，真正有智慧的人是積極應用他們學習要明白的正義之路。正確的思想是健康的基督徒所必須的；不過正確的行動也同樣不可或缺。

驕傲

我太太輕聲說：「加里，你最好救救那位牧師。」

我們帶了一個年青人到教會。他和牧師熱烈地討論，指出牧師剛剛講的道當中的「異端」成分。這個年青人頭腦很好，但卻十分好批評，而不幸的是他的辨別能力仍未趕得上他的智力。

驕傲是那些頭腦特別好的人常有的缺點。這從他們幾乎渴望糾正每一個人可以看到。有些人似乎不能制止自己不批評別人在智力方面的缺失。你感到他們對自我價值的感覺是來自能夠顯示自己超凡的智力。

如果神給你特別好的頭腦，要謹記祂將那頭腦賜給你，是要你事奉教會，而不是抬高自己。聲線動聽的人，如果在不合適的時間唱歌，仍然可能惹人討厭；有超凡頭腦的人，如果不學懂在合適的時間和地點與別人恰當地交談，同樣可以惹人反感。

你是否理智者？

你是否理智者？為以下的話評分，由一至五分。五是最能夠形容你的，一是最不適合用來形容你的。將分數記錄在空位上。

_____1. 我對神有以前不明白的新認識時，感到與祂最親密。我的頭腦需要得到刺激。確實知道自己相信甚麼，對我來說是很重要的。

_____2. 教會過分專注於感受和屬靈經驗時，我會感到沮喪。更重要的是需要明白基督教的信仰和有正確的教義。

_____3. **觀念**和**真理**這些詞語十分吸引我。

_____4. 我連續幾小時不受騷擾地學習，閱讀神的話語或好的基督教書籍，然後可能有機會教導一個小組(或參與小組討論)時，就感到與神親近。

_____5. 關於教會教義學的書籍能夠吸引我。

_____6. 我花在書籍上的金錢，比花在唱片上的為多。

你的總分是：_____

十五分或以上顯示你傾向有這種屬靈氣質。請花點時間將你的分數記錄在二百一十九頁的第十一章上，便可以有一幅綜合的圖畫，看到你心靈通向神的路徑是怎樣的。

一個崇高的呼召

基督教會產生了歷史上一些最出色的思想家。不過，我們毋須追求加爾文或帕斯卡所達到的高峯，才能夠帶來影響。傾向理性的信徒可以藉著在主日學、報章的社論和與朋友及家人的談話，在世界各地的羣體見證神的真理，在神的國度扮演重要的角色。

在生命中的一段時間，我主要是個理智者。我不相信我現在仍然主要有這種氣質，但我仍然需要被神的真理抓著的頭腦刺激我。那些令我「深思」的經文可以「餵養」我。如果有人幫助我明白一些我以前不明白的事情，我會很高興。

我想這可以歸結為，我從未學到一些關於神的事情，是沒有令我與祂更親近的。我有信心，每一個藉著擴展自己的理解而真誠尋求神的基督徒，都可以有這樣的見證。

第3部

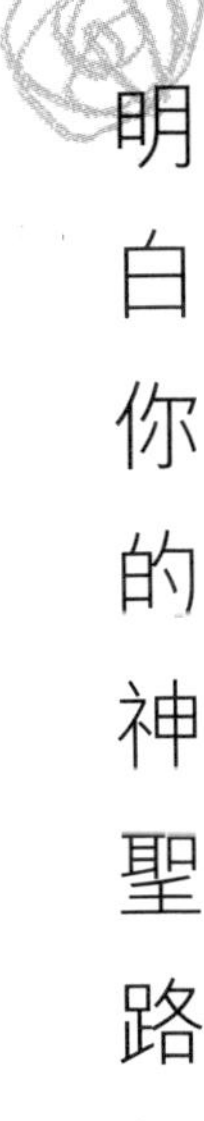

明白你的神聖路徑

第11章

照管心靈的花園

假設有兩個女人在種植菜園。在同一天，她們預備泥土，並播下種子。其中一個不理會自己的菜園，只等候蔬菜生長。另一個女人則定期在菜園工作。她在初生的西紅柿周圍蓋上籠子，在將會長得很高的蔬菜旁邊插下一些枝條，在特別能夠吸引兔子和其他動物的植物周圍圍上圍網。

幾個月後，兩個女人都去收割。其中一個發現西紅柿在地上腐爛，豆的藤蔓伸展到其他植物那裏，野草妨礙了大部分胡蘿蔔生長，而且所有植物都受到雀鳥和松鼠破壞。她收集了少量食物，認為不值得種植菜園，因為收成太少，而且去雜貨店買菜方便得多。

不過，她的鄰居卻每隔一天便收割一籃子很好的蔬菜，比雜貨店的蔬菜美味。她想到將一切加起來，她在夏天在雜貨店購物的支出很可能可以節省百分之十五到二十。兩個女人都種植，但只有一個照管自己的菜園。

我認識一些基督徒，他們在大致相同的時間委身跟隨基督，但這委身對他們生命的影響很快便變得十分不同。其中一些過著專注於自己的生活。基督教是合理的，但它幾乎成了一種方便——毋須太認真看待，也毋須圍繞它重整自己的生命。不過，另一些人則採取不同的態度。他們設法令研經成為自己生命固定的部分，他們維持新鮮和多樣化的禱告生活，新的態度開始出現，在他們還未察覺前，人們已經向他們尋求意見和輔導。他們很快便找到真正的事奉，而且幾乎是無意中找到。

兩批人都種植靈性花園，但只有一批人照管那個花園。

有些人有一個錯誤的印象，以為我們的信仰只需要種植，不需要照管。有些人以為，成為成熟的基督徒就好像有六尺高一樣，要不是自然發生，就是不會發生。但撰寫我們信仰的經典著作的人，以及很多富經驗的牧者或教師都不是這樣想。聖經的看法也不是這樣。

中世紀一個經典的靈性運動鼓勵基督徒將自己的心靈想像為一個花園。我希望這本書可以建基於那個比喻，幫助我們藉著明白我們的屬靈氣質，照管自己心靈的花園。因此，我們需要問自己的第一個問題是：「我現在表現如何？」

退後一步，從靈修開始，評估一下你目前的奉獻生活，對你可能有幫助。你現在做甚麼？你所做的事進行得有多好？另一種靈修的預期有沒有令你感到興奮？還是令你感到罪疚？你的靈修有沒有「互相建立」？還是開始令你感到是擔子多於祝福？

有些基督徒可能覺得，花二三十分鐘讀經，再花二三十分鐘祈禱和敬拜這種傳統的靈修，在百分之九十的時間都是他們與神交往的最好方式。這些基督徒可能只需要在餘下百分之十的時間找一些補充活動。另一些基督徒可能感到自己需要一種完全的屬靈革新。明白自己的屬靈氣質會大大影響他們靈修時間的內容。

明白你的神聖路徑

現在你已看過九種屬靈氣質，已經準備好確定自己的屬靈個性。要謹記你很可能有超過一種主要的屬靈氣質。

而且隨著時間過去，屬靈氣質可能會改變。正如一對夫婦在五十多歲時，表達對彼此的愛的方式和他們二十多歲時並不相同一樣，我們與神那愛的關係也會在我們變得成熟，走過人生旅程時有改變。第二到第十章的評估描述你現在的情況，以及你在今天尋求屬靈成長時，甚麼活動可能對你最有幫助。接著你可以吸收其他氣質，並向有那些氣質的人學習。

你已經填上了你在每一種氣質的分數：

自然主義者 ______

感官主義者 ______

傳統主義者 ______

隱　修　者 ______

行動主義者 ______

照　顧　者 ______

熱　誠　者 ______

默　觀　者 ______

理　智　者 ______

你在每一個類別中的分數愈高，那氣質便愈能夠反映你是怎樣的人。按每種氣質在你生命中的重要性，由高至低排列出來。

____

____

____

____

____

____

____

發現我們最強的傾向和主導的屬靈氣質，給我們為屬靈成長製訂綜合計劃提供所需資料。

我們屬靈氣質的相互影響

我做上面的測驗時，在自然主義者的類別中得分最高，其次是理智者。隱修氣質則排第三位。因此，我可以合理地假設，要我在屬靈方面健康，我需要花相當多時間在戶外(自然主義者)。其次，我需要從事挑戰我頭腦的活動(理智者)。最後，我可以頗為肯定我十分需要紀律和獨處(隱修者)。

如果我是第一次閱讀這本書，我會回頭重讀描述我三種最強的氣質的那幾章。接著我便可以根據那幾章提出的建議，開始撰寫「屬靈處方」。每星期我會至少一次花點時間到樹林作禱告散步。我也需要定期確保自己繼續進行研究。或許我需要訂購更多錄音帶(講座)，在下午的交通時間聆聽。我可能想查看最新的基督教書籍書目，找出有沒有一些新書是我特別感興趣的。我也應該尊重自己對紀律和獨處的需要。

我不是說我們只將自己心靈想要的東西餵給它，冒著令心靈萎縮的危險。在某些時間和地方，我們需要探索新的經驗，但很少人會希望每晚都嘗試外國的新菜式。一旦我們發現了甚麼將我們引進神聖，我們便可以探索得到營養的新領域，知道總有些「經實驗證明是真實的東西」，是我們可以倚靠的。

對基督徒靈性來說，這樣能夠給我們一個長遠的看法。例如：有時我與很顯眼、以人為本的工作那些要求掙扎。我經常在宴會和會議講話；而如果有任何事情令我在過了一會後便感到筋疲力盡，那就是被困在擠迫的酒店房間，向一大羣人說話。

但我的工作要求我這樣做。這是神現在呼召我做的事情，所以我需要讓自己在這個環境下得到屬靈餵養。要令自己保持清醒，我需要安排時間，讓自己在路途中可以到外面走走(在退修時不是問題，但在某些會議中卻比較困難)，而且我幾乎總是拒絕在別人家裏睡覺。我需要——而不單是希望——有獨自一人的時間，不會有人要求我要守規矩和有禮貌。否則，我會因為那些責任而變得沮喪，也不能完成我的呼召。

有些基督徒藉著聚集在一起，談論發生了甚麼事，或者只是放鬆，享受彼此的相伴，便能夠恢復精力。但我寧願獨自一人，思想和禱告，慢慢放鬆。

我以前為自己這個需要苦苦掙扎，懷疑自己是否自私。不過，現在我知道，如果我熱烈地事奉神兩個星期或十年，然後在一段更長的時間耗盡，我便不是自己生命的好管家。我想忠心地事奉神五十年、六十年，甚至七十年，這表示我需要考慮自己可以怎樣在屬靈上得到補充。

一位偉大的基督徒佈道家臨死時說：「神給我一個信息，以及一匹馬去傳遞那個信息。我將那匹馬鞭策至死，現在我不能夠再傳遞那個信息了。」那匹馬就是他的身體，但也可以是他的心靈。

我遇到太多敬虔的男女，他們還未進入最有生產力的年日便已經耗盡。有時耗盡令他們放棄事奉，永遠不再回頭。另一些人則透過不當的活動尋求逃避，為基督的教會帶來羞辱。如果神容許，我希望在六十多歲、七十多歲，甚至八十多歲時仍然可以好像現在這樣熱誠地事奉祂。我不想得到必須和寶貴的經驗，但卻失去自己的動力和喜樂。

如果我們照管自己的園子，便會有很多食物可以供應別人。如果我們只是粗略地留意自己的園子，我們的食物可能只夠供應自己。如果我們完全忽略那個園子，我們會飢餓得變成基督徒「消費者」，要靠別人供養。

發現我們的屬靈氣質是實現我們渴望的目標的一個途徑。那目標是認識神，服從祂對我們生命的呼召。清教徒稱安息日為「心靈的市集」，一個特別的日子，用來照管我們內在的世界，花額外的時間與我們的神交往。問題是有些人嘗試走捷徑，完成神的呼召，卻不接受神的餵養。在這種路上必有災難。另一個試探是認為某種屬靈氣質比其他屬靈氣質好。

對氣質的包容

我在大學一年班時，開始對研讀聖經很感興趣——不單閱讀，更是真正的研究。我從羅馬書開始，花很多小時仔細鑽研開頭的幾節經文。羅馬書一章1節以保羅的話開始：「耶穌基督的僕人保羅奉召為使徒。」這驅使我花幾天時間研究**僕人**和**使徒**這兩個詞。我當時還未學習希臘語，但我卻翻查了很多註釋書、經文彙編和詞語研究的書籍。

我小組的組長知道我在做甚麼後，提出一些問題。他說：「最好的聖經研究方法是歸納式，而不是演繹式。你需要自己找出聖經的意思，而不是透過註釋書讓別人告訴你聖經的意思。」在他心目中，我違反了一條很重要的規則。研究聖經的「神聖」方法是坐下來，將聖經放在面前，根據你自己的經驗解釋聖經。

那時我和那位組長同樣目光短淺。我認為一個查經組的組員在「作弊」，因為他在海灣或樹林散步，卻當為「靈修」。我想，**這不是靈修**。靈修需要有代禱清單和研經筆記簿。

組長和我都需要更多包容。每條真正的屬靈路徑都以基督為中心；但在基督裏，卻有很多不同方法讓我們表達自己的信心。或許我的查經組長不喜歡使用註釋書或詞語研究的書籍，但他的方法是否比我的方法更神聖？我的朋友到海灣散步，是否不及我為家人、其他信徒、外國和不認識主的朋友禱告那麼神聖？

我使用**包容**這個詞是有點猶疑的，因為這個詞今天已經被濫用。我們的文化將包容變成主要的德行，但實際上它並非如此。不過，包容是重要的德行，特別是在你包容不同的氣質的時候。

有不同性格類型的人往往不能一起工作或生活。有些配搭只會帶來災難。但即使我們談論的是屬靈氣質而不是性格類型，那整體原則仍然是一樣的。我們很難明白——甚至更難欣賞——人們對某些東西的取向，在這裏則是對某些人的取向，和我們不同。

我們必須小心，不要單因為別人表達信仰的方式和我們不同，便判定別人的做法是錯誤的。牧者尤其需要對會眾的屬靈氣質敏感。巴克斯特（Richard Baxter）在十七世紀寫了《改革派牧師》（*The Reformed Pastor*）這本關於牧養工作的經典著作。這本書現在仍然被很多神學院視為有效牧養事奉的模範。巴克斯特強調給每個會友個別的注意的重要性。我認為在今天的應用是，尊重不同的人以不同的方式餵養自己的心靈。

身為作家、講員和訓練門徒的人，我需要嘗試明白甚麼能夠推動別人。我必須承認，某些屬靈氣質令我感到不自在。如果一間教會有很多擁有某一兩種屬靈氣質的人，我相信身處其中時我會發瘋。但這並不表示我相信那些屬靈氣質比我生命中的主要氣質次等。

為人父母的人，你們的兒女可能以與你們完全不同的方式愛神。為人丈夫或妻子的人，你們的配偶可能以你們不能明白的方式愛神。為人牧者的人，你們教會的會友表達信仰的方式，可能和你熟悉的方式完全不同。我們能夠仍然尊重這些「不同的」基督徒嗎？我們可以懷著基督徒的謙卑，鼓勵別人以對他們最有效的方式培養自己的心靈，只要他們仍然忠於正統和歷史上的基督教信仰嗎？我希望我們都會給予肯定的回答。

和不包容有關的危險是分離。我在不同場合教授過這些材料，對基督徒對自己喜歡的崇拜神方式感受有多深，我是相當敏感的。在一間教會，一位女士上前對我說：「如果我發覺自己的教會完全不適合我的氣質，我應該怎樣做？」

我相信如果我們建立「行動主義者第一教會」、「傳統主義者第二教會」或者「自然主義者戶外聖堂」，便會嚴重損害神的教會。我們需要彼此學習，而不是與別人分離，將自己限制在自己的經驗裏。

我也認為人們對教會有太多期望。一位在初期審閱這本書的牧師在頁邊的空白處寫道：「我想你告訴了我，為甚麼牧師聽到那麼多對崇拜的批評，卻只聽到很少稱讚；一種特定的崇拜方式只能夠令九分之一的基督徒感到滿意！」

這位牧師朋友是對的。每間教會都充滿互相衝突的氣質。期望每七天一次的一小時崇拜能夠完全滿足每個人的屬靈需要是不合理的。我盼望這本書能夠令人們更容易以自己的定期靈修補充集體的崇拜聚會。這樣，在教會時他們便可以專注於基督教信仰的羣體呼召，以及可以怎樣進行外展。

要求一位教師提供你成長所需的一切是偶像崇拜。牧師往往受命教導一百或更多個人，他們都處於生命、職業和信仰的不同階段。假設可以在每星期短短六十分鐘的集體崇拜培養出崇拜的完整生命也是應該受到質疑的。如果你對崇拜的需要可以在每星期的一小時中得到滿足，你的需要實在太少了！

健康得多的取向是建立信仰、禱告和崇拜的生命，是能夠餵養教會的生命的。不要批評教會的崇拜，而應該學習怎樣補充它。或許崇拜沒有表達你的視角，但或許負責帶領崇拜的人可以從你的氣質中有所學習。他們可能不想在每堂崇拜都加入你的建議，但或許他們每隔幾個星期便可以考慮這樣做。

我盼望這本書會教導我們，成長不只有一種屬靈處方。神比我們有限的經驗所能夠知道的更大——而且大得多。

你的花園是怎樣的？

我們受造是為了愛神。試思想一會——**我們受造是為了愛神**。好像這一章開始時提到的兩個種植者，我們每個人都站在一片土地上。神會找遍天上地下，供應我們種植和維持一個與祂有愛、親密和團契的美麗花園所需的一切。我們的存在，沒有一刻是神沒有想過怎樣使我們的心歸向祂的。連一刻也沒有。

那幾乎令人難以置信的喜樂是，你可以與神享受一種祂不會與其他人享受的關係。**而神熱切地、熱情地渴望開展那關係。**神渴望愛你和認識你，就好像祂渴望認識摩西、大衛和馬利亞一樣。對祂來說，你和這些信心偉人同樣寶貴。但這些聖徒，無論是摩西、大衛還是馬利亞，每一個都花時間培養和發展他們與神的關係。每一個都以認識神為自己心裏的主要熱情。你今天會回應這個邀請嗎？

註釋

第 1 章　愛神

1. A. W. Tozer, *The Pursuit of God* (Camp Hill, Penn.: Christian Publications, 1982), 12 ～ 13.
2. Morton Kelsey, *Transcend* (Rockport, Mass.: Element, 1981), 122.
3. Annie Dillard, *Holy the Firm* (New York: Harper and Row, 1977).
4. Dillard, *Holy the Firm.*
5. W. Phillip Keller, *Taming Tension* (Grand Rapids: Baker, 1979).
6. Francis Schaeffer, *How Shall We Then Live?* (Old Tappan: Revell, 1976).
7. "Mother Teresa of Calcutta", *Charlotte Observer* (June 14, 1995).
8. "Mother Teresa of Calcutta", *Charlotte Observer.*
9. J. I. Packer, *Knowing God* (Downers Grove: InterVarsity, 1973).
10. J. I. Packer, *Keep in Step with the Spirit* (Old Tappan: Revell, 1984).
11. Susan Power Bratton, *Christianity, Wilderness and Wildlife* (Scranton: University of Scranton Press, 1993), 78.

第 2 章　自然主義者：在戶外愛神

1. Waynes Simsic, *Natural Prayer* (Mystic, Conn.: Twenty-Third, 1991), 70.
2. Bratton, *Christianity, Wilderness and Wildlife*, 35.
3. 馬太福音四章 13 節。
4. 馬太福音四章 18 節。
5. Bratton, *Christianity, Wilderness and Wildlife*, 244. 我在本書借用了布拉頓 (Susan Power Bratton) 的話：「水禮從河邊轉移到雲石洗禮盆，呼召門徒由海邊轉移到正式的按立典禮，禱告由隱蔽的地方轉移到擠滿人的教堂。」
6. Conrad Cherry, *Nature and Religious Imagination* (Philadelphia: Fortress, 1980), 26.
7. Roger D. Sorrell, *St. Francis of Assisi and Nature* (New York: Oxford University Press, 1988), 29.
8. Bratton, *Christianity, Wilderness and Wildlife*, 165.
9. 轉引自 Paul Hoversten, "Flight Through Heavens Awes Glenn", *USA Today* (November 2, 1998)，和 Seth Broenstein, "Astronauts Find God in Space", *Tacoma News Tribune* (November 7, 1998)。
10. 詩篇十九篇 1 節。

11. 羅馬書一章20節。
12. John Milton, *Paradise Lost*, V, 511.
13. Bratton, *Christianity, Wilderness and Wildlife*, 90 ~ 91.
14. Bratton, *Christianity, Wilderness and Wildlife*, 93.
15. 馬可福音六章30至32節。
16. Margaret Ruth Miles, 轉引自 H. Paul Santmire, *The Travail of Nature* (Philadelphia: Fortress, 1985)。
17. 關於約翰福音的講道，轉引自 Santmire, *The Travail of Nature*, 131 。
18. Santmire, *The Travail of Nature*, 130.
19. Bonaventure, 轉引自 Santmire, *The Travail of Nature*, 99 。
20. 這一節的很多洞見都要歸功於布拉頓。
21. 我要感謝索爾斯塔(Brian Thorstad)牧師在這裏提出的意見。

第3章　感官主義者：以感官愛神

1. Henri Nouwen, *The Return of the Prodigal Son* (New York: Doubleday, 1994), 3 ~ 5.
2. Nouwen, *The Return of the Prodigal Son*, 3 ~ 5.
3. 以西結書一章4節、26至27節。
4. 以西結書三章12至13節。
5. 以西結書三章1至3節、15節。
6. 以西結書四十三章2節。
7. 啟示錄一章10節、14至17節。
8. Von Ogden Vogt, *Art and Religion* (New Haven: Yale University Press, 1921), 145及其後。
9. Vogt, *Art and Religion*, 148, 152.
10. Vogt, *Art and Religion*, 56.
11. Harold Best, *Music Through the Eyes of Faith* (New York: Harper Collins, 1993), 185.
12. Philip Whitfield and Mike Stoddart, *Hearing, Taste and Smell: Pathways of Perception* (New York: Torstar, 1985), 63.
13. 出埃及記二十五章6節。
14. 出埃及記三十章7節。
15. 瑪拉基書一章11節。
16. 馬太福音二章11節。
17. 路加福音一章9至11節。

18. 列王紀下二十二章 17 節；耶利米書一章 16 節。
19. 以賽亞書一章 13 節。
20. Whitfield and Stoddart, *Hearing, Taste and Smell*, 153.
21. Whitfield and Stoddart, *Hearing, Taste and Smell*, 156.
22. Nouwen, *The Return of the Prodigal Son*, 4.
23. Michael Long, "The Sense of Sight", *National Geographic* (November 1992), 8.
24. 出埃及記三十五章 31 節。
25. Vogt, *Art and Religion*, 206.
26. Vogt, *Art and Religion*, 205 ~ 206.
27. Henry Morgan, ed., *Approaches to Prayer* (Harrisburg, Penn.: Morehouse, 1991), 92.
28. Whitfield and Stoddart, *Hearing, Taste and Smell*, 85.
29. Vogt, *Art and Religion*, 77 ~ 78.

第 4 章　傳統主義者：透過禮儀和象徵愛神

1. "CT Talks to Kathleen Norris", *Christianity Today* (November 22, 1993), 36.
2. 創世記十二章 7 至 8 節，十三章 18 節。
3. 出埃及記二十章 23 至 24 節，四十章 12 節。
4. 利未記十章 8 至 11 節。
5. 利未記十章 1 至 2 節，十六章 1 節。
6. 出埃及記二十五章 40 節；希伯來書八章 5 節。
7. 以斯拉記七章16節，八章21、35節，十章7、11節；尼希米記八章3節。
8. 路加福音四章 16 節；使徒行傳三章 1 節，十六章 13 節，二十一章 26 節。
9. Evelyn Underhill, *Worship* (New York: Harper and Row, 1936), 20.
10. Gertrud Mueller Nelson, *To Dance with God: Family Ritual and Community Celebration* (New York: Paulist, 1986), 25.
11. Nelson, *To Dance with God*, 2 ~ 26.
12. Walter Wangerin, *Reliving the Passion* (Grand Rapids: Zondervan, 1992).
13. 約書亞記一章 8 節。
14. Joseph Jungmann, *Christian Prayer Through the Centuries*, trans. John Coyne (New York: Paulist, 1978), 30.
15. Underhill, *Worship*, 69 ~ 72.
16. Jungmann, *Christian Prayer Through the Centuries*, 8.
17. Jungmann, *Christian Prayer Through the Centuries*, 9.

18. Eberhard Bethge, ed., *Letters and Papers from Prison* (New York: Macmillan, 1972), 203.
19. 民數記十五章 37 至 40 節。
20. Sidney Heath, *The Romance of Symbolism* (London: Francis Griffiths, 1909), 57 ～ 61.
21. Heath, *The Romance of Symbolism*, 116.
22. Heath, *The Romance of Symbolism*, 117 ～ 120.
23. Heath, *The Romance of Symbolism*, 157 ～ 158.
24. Heath, *The Romance of Symbolism*, 194 ～ 199.
25. Heath, *The Romance of Symbolism*, 214 ～ 215.
26. 民數記二十一章 4 至 8 節；列王紀下十八章 4 節。
27. Nelson, *To Dance with God*, 7.
28. W. A. Van Gemeren, "Offerings and Sacrifices in Bible Times", *Evangelical Dictionary of Theology*, Walter Elwell, ed. (Grand Rapids: Baker, 1984), 788.
29. Underhill, *Worship*, 53.
30. 羅馬書三章 25 節，八章 3 節，十二章 1 節。
31. 阿摩司書五章 21 至 24 節。
32. 耶利米書七章 4 至 7 節。
33. 馬太福音二十三章 27 節。
34. 使徒行傳十章。
35. 歌羅西書二章 16 至 17 節。
36. 提摩太前書四章 1 至 5 節。
37. Underhill, *Worship*, 31.

第 5 章　隱修者：在獨處和簡樸中愛神

1. 民數記六章。
2. 馬太福音四章1節，六章5至6節、16至17節，十四章13節、22至23節。
3. 馬可福音一章 35 節。
4. 馬太福音二十六章 36 節。
5. 但以理書九章 3 節。
6. 約珥書一章 13 至 14 節，二章 12 節。
7. M. Basil Pennington, *A Place Apart: Monastic Prayer and Practice for Everyone* (New York: Doubleday, 1983), 26.
8. Pennington, *A Place Apart*, 26.
9. Sorrell, *St. Francis of Assisi and Nature*, 20.

10. Underhill, *Worship*, 164.
11. Philip Rousseau, *Ascetics, Authority, and the Church: In the Age of Jerome and Cassian* (London: Oxford University Press, 1978), 48.
12. Rousseau, *Ascetics, Authority, and the Church*, 117.
13. Rousseau, *Ascetics, Authority, and the Church*, 100.
14. Bratton, *Christianity, Wilderness and Wildlife*, 181.
15. Felix Duffey, *Psychiatry and Asceticism* (London: B. Herder, 1950), 60.
16. Duffey, *Psychiatry and Asceticism*, 60 ～ 61.
17. Duffey, *Psychiatry and Asceticism*, 62.
18. Rousseau, *Ascetics, Authority, and the Church*, 26 ～ 27.
19. Augustine, *City of God*, XIX. vi.
20. Rousseau, *Ascetics, Authority, and the Church*, 153.
21. Pennington, *A Place Apart*, 41.
22. Pennington, *A Place Apart*, 43.
23. Pennington, *A Place Apart*, 65.
24. Pennington, *A Place Apart*, 111.
25. 撒迦利亞書七章 1 至 10 節。
26. 馬可福音六章 30 至 32 節。
27. 以賽亞書六十四章 6 節。

第 6 章　行動主義者：透過對抗愛神

1. 出埃及記二章 11 至 12 節。
2. 出埃及記二章 17 節。
3. 出埃及記三章 11 至 12 節。
4. 出埃及記十八章 14 節。
5. 出埃及記十七章 4 節。
6. 列王紀上十八章 22 節，十九章 10 節。
7. 列王紀上十九章 4 節，十八章 22 節。
8. 列王紀下八章 11 至 13 節。
9. 哈巴谷書一章 2 、 4 節。
10. 哈巴谷書二章 4 節。
11. 哈巴谷書二章 4 節。
12. 約翰福音四章 34 節。
13. Francis Schaeffer, *The Mark of the Christian: The Complete Works of Francis Schaeffer* (Westchester: Crossway, 1982).

14. Schaeffer, *The Mark of the Christian.*
15. Thomas Merton, *What is Contemplation?* (London: Burns, Oates, and Washbourne, 1950), 14 ~ 15.
16. Francis Schaeffer, *Bad News for Modern Man* (Westchester, Ill.: Crossway, 1984), 94.
17. Klaus Bockmuehl, *Books: God's Tools in the History of Salvation* (Moscow, Ind.: Community Christian Ministries, 1992).
18. Charles Colson, *Loving God* (Grand Rapids: Zondervan, 1996), 96.
19. Schaeffer, *Bad News for Modern Man*, 96.
20. Schaeffer, *Bad News for Modern Man*, 106 ~ 107.
21. Jungmann, *Christian Prayer Through the Centuries*, 148.
22. 撒母耳記上三十章22節。
23. 撒母耳記上三十章23節。
24. Paul Carter, *The Decline and Revival of the Social Gospel* (Ithica, N. Y.: Cornel University Press, 1954), 82.
25. 馬太福音七章1至5節。

第7章　照顧者：透過愛別人愛神

1. 以斯帖記二章11節。
2. 以斯帖記四章1節。
3. 以斯帖記四章13至14節。
4. 以斯帖記八章7至8節。
5. 以斯帖記九章20、22節。
6. 以斯帖記十章3節。
7. 馬太福音四章23至24節，六章2節，九章35至36節。
8. 馬太福音十四章14節。
9. 約翰壹書三章14節。
10. 約翰壹書三章17節。
11. 腓立比書二章4節。
12. 希伯來書六章10節。
13. 希伯來書十三章2節。
14. 雅各書一章27節。
15. 彼得前書四章9至10節。
16. 以西結書十六章49節。
17. Steve Sjogren, *Conspiracy of Kindness* (Ann Arbor: Servant, 1993).

18. Robert Wuthnow, *Acts of Compassion* (Princeton: Princeton University Press, 1991), 87.
19. Wuthnow, *Acts of Compassion*, 105.
20. Wuthnow, *Acts of Compassion*, 128 ～ 129.
21. 路加福音十章 38 至 42 節。
22. Wuthnow, *Acts of Compassion*, 104.
23. Wuthnow, *Acts of Compassion*, 106.
24. 提摩太前書五章 8 節。

第 8 章　熱誠者：以奧祕和歡慶愛神

1. 申命記十八章 14 至 16 節。
2. 使徒行傳三章 19 至 26 節。
3. 撒母耳記上十三章 12 節。
4. 創世記二十八章10至15節，三十七章1至11節；列王紀上三章5至10節；但以理書七章 1 節。
5. 約珥書二章 28 節。
6. 馬太福音一章 20 節，二章 12 節。
7. 使徒行傳九章 3 至 9 節、 10 至 16 節，十章 3 至 6 節、 9 至 18 節，十六章 9 節。
8. Kelsey, *Transcend*, 54 ～ 57.
9. John Wesley ，一七三九年五月二十日。
10. John Wesley ，一七五九年十一月二十五日。
11. 創世記四十一章 15 節；但以理書二章 17 至 19 節。
12. 創世記三十七章 5 節；使徒行傳十六章 9 至 10 節。
13. Kelsey, *Transcend*, 55.
14. 申命記十六章 13 至 15 節。
15. 撒母耳記下六章 22 節。
16. 歷代志上十五章 16 節。
17. 歷代志上十三章 8 節。
18. 歷代志下二十九章 26 節。
19. 馬太福音二十六章 30 節。
20. 路加福音十九章 37 至 40 節。
21. 使徒行傳十六章 25 節；以弗所書五章 19 節。
22. 啟示錄七章 10 節，十九章 1 、 6 節。
23. 使徒行傳三章 1 節。

24. 哥林多前書十四章40節。

25. 使徒行傳八章9至24節。

26. 歷代志上十三章9至10節。

27. 歷代志上十六章9、30節。

28. 尼希米記八章10節。

29. 馬太福音十八章3節，十九章14節。

30. Underhill, *Worship*.

31. Underhill, *Worship*, 179.

32. Kelsey, *Transcend*, 34.

第9章　默觀者：透過愛慕愛神

1. 申命記三十三章12節。
2. 申命記七章7至8節。
3. 詩篇六十三篇1、3、5、6、8節。
4. 雅歌二章4至5節。
5. 雅歌三章1至4節。
6. 以賽亞書二十九章13節。
7. 耶利米書二章2節。
8. 馬太福音二十六章6至13節。
9. 路加福音十章38至42節。
10. Gary Thomas, *Seeking the Face of God* (Eugene, Ore.: Harvest House, 1999).
11. Thomas Merton, *Contemplation in a World of Action* (Garden City, N. Y.: Image Books, 1973), 6, 9.
12. Merton, *Contemplation in a World of Action*, 9 ~ 10.
13. Dom Cuthbert Butler, *Western Mysticism: The Teaching of Augustine, Gregory and Bernard on Contemplation and the Contemplative Life* (London: Constable, 1922), 26.
14. 約翰福音十五章15節。
15. Merton, *What Is Contemplation?*, 5.
16. Jungmann, *Christian Prayer Through the Centuries*, 44.
17. Dr. Gabriele Winkler, *Prayer Attitude in the Eastern Church* (Minneapolis: Life and Life, 1978), 13.
18. Winkler, *Prayer Attitude in the Eastern Church*, 18 ~ 19.
19. 馬太福音十二章43至45節。
20. 參 Thomas, *Seeking the Face of God*, 181 及其後。

21. M. Basil Pennington, *Daily We Touch Him* (Garden City, N.Y.: Doubleday, 1977), 51 ~ 52.

第10章　理智者：以思想愛神

1. Kelsey, *Transcend*, 37.
2. Jungmann, *Christian Prayer Through the Centuries*, 114.
3. 申命記三十三章10節。
4. 列王紀上三章3節。
5. 列王紀上四章33至34節。
6. 詩篇四十九篇1至4節。
7. 箴言一章5至7節。
8. 箴言二章3至4節。
9. 箴言四章7節。
10. 路加福音二章46至47節、52節。
11. 馬太福音二十二章37節。
12. 我要感謝溫哥華維真學院的 Donald Lewis 博士向我介紹很多這些書籍。
13. Kenneth Scott Latourette, *History of Christianity* (San Francisco: Harper, 1975).
14. Robert Clouse, Richard V. Pierard, and Edwin M. Yamauchi, *Two Kingdoms: The Church and Culture Through the Ages* (Chicago; Moody Press, 1993).
15. Daniel Reid, *Dictionary of Christianity in America* (Downers Grove: InterVarsity, 1990).
16. Mark Noll, *A History of Christianity in the United States and Canada* (Grand Rapids: Eerdmans, 1992).
17. David Wells, *Eerdmans' Handbook to Christianity in America* (Grand Rapids: Eerdmans).
18. Dorothy Sayers, *Creed or Chaos?* (New York: Harcourt Brace, 1949)
19. Sayers, *Creed or Chaos?*, 28.
20. 使徒行傳二十三章1至5節。
21. 提摩太前書一章4節。
22. 提摩太前書六章4至5節。
23. 提摩太後書二章23至25節。
24. 哥林多前書十三章2節。
25. 提多書三章9至11節。
26. 雅各書三章1節。